政协恩施州委员会 ｜ 丛书编著

恩施州传统村落
历史文化丛书

巴东县
传统村落

政协恩施州委员会
政协巴东县委员会 / 编著

华中科技大学出版社
http://www.hustp.com
中国·武汉

内 容 简 介

为促进恩施州传统村落保护，弘扬民族优秀传统文化，助推乡村振兴，政协恩施州委员会组织编纂了"恩施州传统村落历史文化丛书"。《巴东县传统村落》作为丛书中的一本，详细记述了巴东县传统村落基本情况以及村落文化遗产、自然遗产、历史事件、家族人物和传统产业。本书语言通俗易懂、简洁优美，并配以丰富的图片，兼具史料性和可读性，是研究巴东县乃至恩施州民族历史文化的宝贵资料和宣传展示民族优秀传统文化的重要窗口。

图书在版编目（CIP）数据

巴东县传统村落/政协恩施州委员会，政协巴东县委员会编著. —武汉：华中科技大学出版社，2021.11

（恩施州传统村落历史文化丛书）

ISBN 978-7-5680-7668-5

Ⅰ. ①巴… Ⅱ. ①政… ②政… Ⅲ. ①村落文化—介绍—巴东县 Ⅳ. ① K926.34

中国版本图书馆 CIP 数据核字（2021）第 224074 号

恩施州传统村落历史文化丛书·巴东县传统村落　　　　政协恩施州委员会　编著
Enshi Zhou Chuantong Cunluo Lishi Wenhua Congshu · Badong Xian Chuantong Cunluo　　政协巴东县委员会

策划编辑：汪　杭　陈　剑	
责任编辑：汪　杭　陈　剑	
封面设计：刘　卉	
责任校对：李　琴	
责任监印：周治超	
出版发行：华中科技大学出版社（中国·武汉）	电话：(027)81321913
武汉市东湖新技术开发区华工科技园	邮编：430223
录　　排：华中科技大学惠友文印中心	
印　　刷：湖北新华印务有限公司	
开　　本：710 mm×1000 mm　1/16	
印　　张：16.25	
字　　数：252 千字	
版　　次：2021 年 11 月第 1 版第 1 次印刷	
定　　价：998.00 元（共 8 册）	

本书若有印装质量问题，请向出版社营销中心调换
全国免费服务热线：400-6679-118　竭诚为您服务
版权所有　侵权必究

丛书编委会

主　　　任：吴建清　刘建平

常务副主任：张全榜

副　主　任：曾凡培　刘小虎　谭志满

成　　　员：郑晓斌　卢智绘　曾凡忠　刘太可　黄同元
　　　　　　邹玉萍　田延初　张真炎　冯晓骏　郑开显
　　　　　　文　林

主　　　编：张全榜

副　主　编：曾凡培　冯晓骏

特邀编审：雷　翔　贺孝贵　刘　刈　董祖斌　刘　权

《巴东县传统村落》
编委会

主　　任：刘太可

副 主 任：向凤英　李　闯　刘传谊　向孔辉　向秀忠　谭学早

成　　员：曾　冰　张金香　谭振林　候培军　税　莉　郑永平
　　　　　　黄　林　张珍勇　舒云慈　周相众　宋发康　向小花
　　　　　　黄世凤　郑建友　谭玉莲　胡　琴　鲁春丽

编　　审：向凤英

副 编 审：谭学早　张金香　胡　琴

主　　编：曾　冰　黄圣虎

执行主编：许武才

撰　　稿：彭恒庆　胡昌海　郑国晋　范宏霞　许武才　田新华
　　　　　　王克龙　丁艳龙

摄　　影：谭德魁　周宗强　李长凯

核　　对：舒云慈　胡　琴　李　颉

总序
General Prologue

恩施州传统村落的历史与文化

一

恩施有悠久的历史，早在石器时代就有了原始人的居住聚落。秦汉以后进入溪峒时期，溪峒既是地域特征描述，也是当地的社会组织称谓，相当于当时中原的郡县。但是，溪峒时期及其以前的人群聚落，生产生活方式以"游耕"为主，渔猎采集占较大比重，没有真正形成村落。

关于恩施农耕定居模式的明确记载始于唐代，《元和郡县志》记载，施州领县二（清江、建始）"开元户三千四百七十六，乡里一十六"。这些"乡"是定居农耕人群的管理组织，这种组织机构的建立是朝廷的社区管理进入长江沿岸、清江河谷地区，以及农耕编户聚落即村落形成的间接标志。宋代《元和九域志》记载，施州编户增至"主九千三百二十三，客九千七百八十一"，共19104户。

清江县十乡，建始县五乡，还有当时属归州的巴东县有九乡。两宋时期，巴东、建始、清江三县各乡里的农耕村落，与西南"寄治山野"的羁縻州有明显的体制差异，社会组织形态也有明显差异。经制州与羁縻州之间，还设有一批军事围困防守性质的寨堡，寨丁们亦农亦军。羁縻州的下属溪峒与寨堡只是村落的前身，都不是严格意义上的农耕村落。

元、明及清初，恩施进入土司、卫所时代，只有巴东、建始二县的"乡里"仍然延续农耕村落的发展方式。原先的羁縻州与原属州县的寨堡，陆续分合形成朝廷认可的大小 30 多个土司。土司下设峒寨之外，也有部分设有"里"（农耕村落组织）。施州军民卫是明洪武后期合并施州的政权形式，保留了原有的市郭、崇宁、都亭三里，原有的农耕村落应该也有部分保留。施州卫、大田所广泛设置于今天恩施、利川、咸丰三市县的屯、堡组织，则是军垦性质的农耕聚落，明末清初逐渐转化为村落。

清朝改土归流，流官政府建立，废除了土司政权及其基层社会组织，也废除了土司所有制，包括对当地百姓的人身自由的控制和对山林土地的占有。普遍设置适合农耕定居生产生活方式的"里甲"组织，革除土司"恶俗"，推行符合"礼仪"的民间制度。改土归流的政治、经济和文化改革，给恩施州农村社会带来空前的巨变，其显著特征是：原本存在于府县地区的乡里村落形式，在原本有很大差异的土司地区和卫所地区进行推广，各地村落的组织结构形态逐步趋同。这次社会变革的重要抓手是土地山林的私有化"确权"、无主荒地招垦移民和家族化浪潮。今天村落的形成大多源自这次社会变革，这也是恩施大多数现存传统村落的起点。

恩施农耕社会传统村落的繁荣始于清朝道光、同治年间。据统计测算，当时恩施州内已有二十多万户一百三十余万人[①]，基本都是农业人口。传统村落数量没有进行统计，估算应该不少于一万个。譬如当时的恩施县，《恩施县志》（清同治版）记载，已有编户五万余户三十三万七千余人，分为三里二十五甲，下

---

① 恩施州志编纂委员会. 恩施州志[M]. 武汉：湖北人民出版社，1998.

设甲长一千六百五十七名、牌头四千七百五十九名。传统村落的繁荣延续超过百年，一直到1949年中华人民共和国成立。

二

中华人民共和国成立后的土地改革以及随之而来的农业合作化、人民公社运动，颠覆性地改变了传统村落的家族性社区结构，而依附于自然环境的农耕生活模式基本没变，传统村落的外部形态基本延续。

改革开放以来，我们在主动迎接全球化浪潮以求富足强盛的同时，也丢失了许多弥足珍贵的文化遗产。社会文化转型，尤其是在改革开放以来的工业化、城市化发展浪潮中，传统村落建筑及其自然生态、传统乡村生活方式及其文化生态受到极大冲击。我们在享受工业化、现代化成果的同时，却也对蓝天白云、青山绿水和传统文化造成了损害。在反思中寻找和复兴民族优秀传统文化成为全社会的共同追求。

恩施土家族苗族自治州交通相对闭塞，其自然环境和少数民族聚居的社会文化环境，使之产生具有独特生产生活方式和历史文化特色的传统村落。加之几乎与改革开放同步的少数民族自治地方建设及其民族文化抢救保护政策，恩施遭受社会变迁的冲击较缓、较晚，部分传统村落得以保存。尤其难得的是，在部分传统村落中，仍然保存着传统的农耕生产方式和生活方式。传统的人生礼仪、时令节庆仪式，少数民族历史、村落历史和家族历史及其人物故事仍然在传诵。

恩施州传统村落及其文化，曾经得到国内外民族学、文化学学者们的高度关注和赞誉，产生了许多学术研究成果；恩施州传统村落也曾引起文化艺术工作者们的浓厚兴趣，许多优秀作品被创作出来。恩施州传统村落还得到各地"驴友"的追捧；他们远离城市的喧嚣来享受山林乡村的寂静，体验别样的少数民族文化，追寻原始文化遗迹。可见，传统村落是我们的珍贵遗产，是复兴民族优秀传统文化和乡村振兴的重要资源。

三

国家主席习近平强调,"文化自信,是更基础、更广泛、更深厚的自信"。政协恩施州委员会把民族优秀传统文化复兴当作建立文化自信的重要表现,当作恩施州社会建设的重要内容。政协恩施州委员会长期注重本地各民族历史文化资料的收集保存和整理,在完成《恩施文化简史》等历史文化研究著作的撰写、出版之后,又组织各县市政协调查、研究全州尚存的古村落,撰写"恩施州传统村落历史文化丛书"。政协恩施州委员会认为,传统村落是在农耕文化发展过程中逐步形成的,体现了一个地方的传统文化、建筑艺术以及民风民俗,凝结着历史的记忆。对传统村落历史文化的深入调查研究和整理,有着十分重要的现实意义。传统村落是宝贵的文化资源,发掘利用传统村落能为恩施州的社会发展提供坚实的文化支撑;传统村落是地方的历史记忆和社会认知,保存和整理传统村落文化能够更好地满足全州各族人民的文化需求;传统村落还是恩施各族人民适应当地环境、利用地方资源的文化成果,深入挖掘、提炼和传承传统村落文化有利于树立文化自信,更好地建设具有自身鲜明特色的繁荣自治州。

恩施州传统村落的保护工作,开始于21世纪初。2009年,国家民族事务委员会与财政部开始实施少数民族特色村寨保护与发展项目,至2019年公示第三批中国少数民族特色村寨拟命名名单,恩施州辖内被选为"中国少数民族特色村寨"的有49个。2014年,国家组织制定传统村落保护规划,在先后公布的五批中国传统村落名单中,恩施州共有81个村落被列入中国传统村落保护名单。恩施州曾经拥有数以万计的传统村落,其中基本保持原貌和内部结构的村落仍有上千。从2018年开始,政协恩施州委员会会同八县市政协一起策划、编写"恩施州传统村落历史文化丛书",上述"中国少数民族特色村寨"和"中国传统村落"是本丛书主要选录的对象(两者之间有部分重合)。丛书选录并单独编写的代表性传统村落有98个,非单独编写的特色村落有83个。其中"中国传统村落"68个,约占据恩施州全部名录的84%;"中国少数民族特色村寨"30个,约占恩施州全部名录的61%。这说明有代表性和典型性是本丛书编写的一个重要特征。

这些传统村落大多远离城市，广布于恩施州八县市的山川密林之中。本丛书编写者一一调查寻访，对村落历史渊源与文化特征的描述不仅来自地方文献记录，更多来自编写者的实地观察探访和居民们记忆口述。这也是这套丛书编写的特征之一。

按照政协恩施州委员会的部署，各县市分卷都采用招标方式确定具体编写队伍，编写队伍大都由长期从事乡村研究的高校专业人员担任，由各市、县、乡文化专家共同组成编写班子。内容的专业性、作者宽广的视野，是这套丛书编写的又一特征。

四

恩施州的传统村落有多种类型，相互之间差异显著。差异产生的原因至少有以下几个：一是经历过不同的发展路径，其文化内涵的民族性、区域性有较大差异。二是处于不同的生态环境。恩施在崇山峻岭之中，河谷坪坝、高山草甸交错，气候物产各不相同，形成差异极大的生产生活方式及相应的居所结构和聚落形态。三是不同的民族文化传统。恩施州是多民族世代共居的共同家园，有世居于此的土家族，也有明末清初陆续迁入的苗族、侗族，还有明初迁入的卫所军户。不同的文化传统产生不同的生活方式，形成不同的民居建筑形式和特色聚落。四是不同的商贸和文化联系。恩施古代社会与外界联系主要依靠通航的河流和盐道，长江、清江、酉水、乌江，加上通向川东的盐道，与湖湘、川东以及贵州有较多的经济、文化联系。外界交往联系附带着人群的移动迁徙，也使相关区域的村落带有浓浓的域外文化特色。

这些多样性特征体现在传统村落的文化内涵之中。传统村落文化可以分为物质文化、制度文化和精神文化三类，具体表现为六种：

一是村落选址及其周边环境。不同民族对于环境与土地资源有着不同的认知。譬如土家族有着狩猎采集和游耕的传统，他们偏爱林间坡地。卫所军户大多来自长江中下游，又有武力支持，占据河谷坝子，建立屯堡。而侗族移民喜欢开发弯曲平缓的小河、小溪等小流域。自然环境不仅是村落文化得以发展的空间，也是村落文化的重要组成部分。

二是生产生活方式。传统村落社会的重要特点之一是自给自足，是在特定的环境空间中建立一个完整的生产生活系统。不同的民族文化传统与不同的地理环境相结合，形成村落各自不同的生产生活方式，这是村落文化生成的基础。传统村落不仅是人们的生活居住空间，还是他们的生产空间。

三是社区结构。传统村落的主体是人，村落成员扮演着不同角色。不同时代、不同民族文化传统、不同生产生活方式的村落，村落共同体的构成有差异。这种差异体现在村落成员的相互关系上，也体现在村落建筑的结构和分布上。

四是习俗体系。传统习俗是乡村社会的文化制度，起到传承历史记忆、规范言行举止和提供善恶准则的作用。主要体现在时令节庆和人生礼仪上，几乎无时无处不在的礼仪和禁忌，很能体现民族的历史文化传统。

五是宗教信仰。村落内部有自然神灵崇拜和祖先崇拜性质的民间信仰。具体表现为除思想观念的信仰外，还有仪式活动和举办仪式活动的场所。

六是文学艺术。主要表现为民间故事和歌谣，还有原本流行于市井的说唱曲艺等类型的民族民间文艺。由于当下社会对非物质文化遗产的重视，原本依附于各种仪式的民族、民间艺术成为传统村落的文化内容。

上述历史渊源和文化内涵，理论上普遍存在于各个传统村落之中。不过，社会发展与转型及其相应的城市化浪潮，已经不可逆转地发生在每个地区，包括文化遗存相对较多的传统村落。今天的传统村落更多只是历史的遗存。因此，我们能够挖掘和保护的历史文化传统，可能只是残缺的碎片，甚至只有历史记忆中非常短暂的片断。

五

如何再现传统村落的历史场景，讲好逐渐远去的传统村落历史与文化故事，是丛书编委会追求的目标。

对于已经选定的某个传统村落而言，首先是梳理村落形成、变迁、繁荣以及衰落的历史过程。不同的历史时期，不同的自然环境，不同的文化生态，会形成不同的村落形态，包括各种物质设施和文化制度。

其次是挖掘保护尚存的历史文化遗迹，包括物质和非物质文化遗产。对文化遗产，特别是民居建筑这类物质文化遗产，当地已经进行了比较全面的调查和保护。对于其他类型的物质文化遗产和非物质文化遗产，还有大量的工作要做。

再次是分析评估传统村落的文化意义价值，特别是时代类型和民族文化类型的代表性意义。评估其价值需要更加广阔的视野，需要站在整个区域甚至整个民族的高度进行评估。

最后是为珍贵的历史遗迹建立系统性的档案，并在村民中形成共识。这是对民族复兴和乡村振兴的文化支持，是保证宝贵文化资源得以开发利用必须要做的，也是进一步挖掘和更好地保护村落文化遗产必须要做的。

政协恩施州委员会长期关注民族历史文化的保护抢救，并充分利用人才优势，不断组织推动各种文化史料的编写出版，"恩施州传统村落历史文化丛书"就是众多成果的其中一项。希望借此为推动民族文化复兴尽一份绵薄之力，为推动乡村振兴贡献一份力量。

"恩施州传统村落历史文化丛书"编委会
2021 年 10 月

前言 Preface

　　值《巴东县传统村落》出版之际，我要向恩施州政协文化文史和学习委员会的精心指导道一声谢谢，向撰写书稿的同志们道一声谢谢。

　　历史悠久的千年古县巴东区位独特，物华天宝，人杰地灵，是长江三峡璀璨历史文化中的一颗明珠。

　　传统村落奠定古县基石，珍贵文物见证古县辉煌，历史建筑蕴含地域特色，多元文化成为古县瑰宝，民族艺术积累非遗财富。

　　撰书不易，撰志更难。《巴东县传统村落》一书属地方志书类，其纲目由恩施州政协统一要求，每一村落属于独立一章，较为完整地反映出村落面貌。我县编写人员肩负重任，深入村组农户，进行田野调查、实地考证，历时近一年，其敬业精神令人感动。撰写三里城村的郑国晋，在承担此任务后，遍访该村所有墓碑、古迹，考察民俗，采访了许多老人，记录了该村的人文历史，并为其他同志撰写书稿做出了示范。

　　抚卷长思，感触颇深，传统村落是我国历史文化的鲜活载体，维系着中华民族最为浓郁的乡愁。"环山之水，必有其源；参天之木，必有其根"，传统村落是农耕文明的"魂"。《巴东县传统村落》的撰写，是对巴东县10个村的一次彻底普查，是非常重要和有历史意义的工作，也为做好保护、建设、利用传统村落这篇大文章开了头。

在现代化的进程中，大批传统村落的乡土建筑、历史古迹、自然环境及人文环境等遭到了不同程度的破坏，突出表现在：传统村落数量锐减，传统村落消失；村庄无序新建与翻修建筑，造成新建筑与历史建筑、乡土风貌极不协调，失去传统文化的印记；由于缺少宣传、教育，一些传统村落盲目拆旧建新、拆真建假，对传统村落造成了严重破坏。事实上，传统村落是民族的宝贵遗产，更是不可再生的、潜在的旅游资源，体现着当地的传统文化、建筑艺术和村镇空间格局，每一座蕴含传统文化的村落，都是活着的文化遗产，体现着人与自然和谐相处的理念。因此，我们必须遵循"科学规划、整体保护、传承发展、注重民生、稳步推进、重在管理"的方针，切实增强保护意识，结合乡村振兴战略，对乡村资源进行有序开发和利用。要提高认识，从物质文化遗产层面做到保持传统村落的整体性，保持聚落环境原生态；要注重原真性，考虑集中成片发展；要坚持可持续发展，加强生态建设和保护，使我们的传统村落"看得见青山，望得见绿水，记得住乡愁"。

《巴东县传统村落》一书由我县组织专人编撰，虽经多次调研，反复修改，不断补充完善，但一定还存在疏漏谬误之处，希望各位专家赐教指正。

刘太可

2020年8月16日

目录 Contents

概述 1

走近 5

三里城村——廪君传奇昭巴人 6

石桥坪村——将军故里英气在 44

郑家园村——"绝壁天河"润民心 62

江家村——红色记忆砺初心 78

围龙坝村——清江河畔第一坝 95

牛洞坪村——幢幢土屋寄乡愁 107

白羊坪村——鼓锣争鸣三百年 130

石板坪村——纤夫号子撼山野 146

大面山村——巫峡云巅揽秀色 162

泉口村——战天斗地壮山河 178

遗珍 199

参考文献 238

后记 239

概述

/Gaishu/

　　3352平方千米的巴东县域,三山盘踞,两江分割,沟壑纵横,特殊的地形地貌形成了无数自然村落。山水之间,村民循水而居,村落依山而建,山水、田园高度融合。

　　这些传统村落村内的村民绝大多数同宗同源,村落里一般有几个大姓,形成各自的亲属关系群体。比如水布垭镇三里城村以谭姓为主,野三关镇石桥坪社区以邓姓为主,野三关镇泗渡河村以郑姓为主,村落多为大姓家族最早落籍此处的人选定。新中国成立后经过土地改革,这些村落逐步形成多姓氏的融合和聚居之地。

　　传统村落始终保持农耕文化的本质。农耕文化是传统村落的"根",传统村落保留着宗法伦理和民风民俗。以耕读为本,使每一个村落呈现出不同的文化习俗。"十里不同俗"就是这种村落始终保持自身文化传统及价值观念的体现,正所谓"一方水土养一方人"。

传统村落具有维持自给自足的生活条件。传统农业和为生产生活服务的手工艺种类比较多，使村落形成相对封闭和富裕的小社会，"九佬十八匠"等手工业者，村里基本都有传承人。诸如木匠、篾匠、铁匠、弹匠、漆匠等，以及与生产生活相关的油坊、酒坊、豆腐坊等，基本都能满足村民所需。如官渡口镇楠木园村、沿渡河镇泉口村、茶店子镇长腰岭村、水布垭镇围龙坝村等。

传统村落一般都有德高望重的乡贤，影响着一方村民。这些人或是有文化的村民，或是家境殷实的人家，或当过村干部。他们都具有较高的道德修养，他们的话能成为有形或无形的乡规民约。

传统村落的生态环境一般都比较好，民风较为淳朴，是比较理想的民宿旅游地，呈现出"犬吠深巷中，鸡鸣桑树颠"的美景。比如信陵镇大面山村、东瀼口镇牛洞坪村、金果坪乡桃李溪村等。

传统村落是一种活态文物，是中华文明的鲜活载体，更是我们寄托乡愁的精神家园。只有保护好传统村落，才能延续乡村的文化脉络。巴东传统村落数量众多，特色鲜明，是宜居宜业宜游之地。随着城市带动农村、工业反哺农业、城乡一体化发展的进程，传统村落必将焕发出勃勃生机，成为乡村振兴战略实施中建设与保护的重点。

对传统村落的保护，有助于传承村落文化，有助于保护中国传统文化的多样性，从而激发原住居民的地域归属感、文化自信感和民族自豪感，有利于乡村的可持续发展。

千年古县靠传统村落支撑。巴东传统村落的保护已经纳入县委县政府的重要议事日程。近年来，县委县政府已启动传统村落申报工作，在旅游产业发展中更是把传统村落合理配置在旅游区，千方百计保护这些珍贵的"活态文化"。

当然，没有一成不变的村落。一座村落不可能原封不动地保持最初的形态，因此，面对社会的迅速发展，必须下大力气保持"开发与保护、传承与创新"的平衡，既要重视有形建筑的保护，更要重视原住民创造的无形文化。在推进乡村振兴战略中应尽量避免简单商业化、行政化、盲目城镇化和文化标准化的做法，力求通过发展乡村特色旅游来带动当地经济发展，致力于把传统村落打造成为一个集住宿、餐饮、农事体验，以及农产品生产、加工、销售等产业融合发展的"田园综合体"，从而促进传统村落的保护与振兴。

走近

/ Z o u j i n /

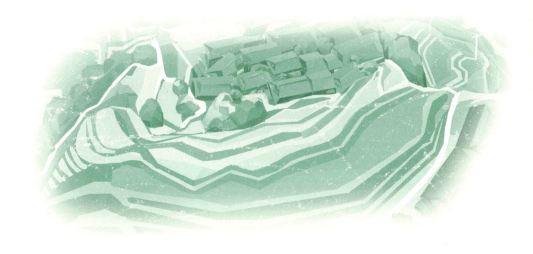

三里城村

——廪君传奇昭巴人

一、村落概况

三里城是一座深藏于巴东境内的远古名山,隶属于水布垭镇。

三里城位于水布垭镇北部,系巫山余脉的延伸段。南濒清江,西临磨刀河大峡谷。山体形似半岛,东西南三面环水,三面绝壁,只有北面可通,山上溶洞遍布,山下峡谷深切、江河纵横。北面山口,两山对峙,山口如门,早先因势筑有城门,俗称"东城口"。城门两边有分别向东西方向延伸连接东西两端绝壁的古

村落概貌

城墙，为人工城墙，全用片石垒砌，没有任何铁器打凿的痕迹，相传为四千年前务相氏廪君垒筑而成。因年代久远，城墙长满了古树枯藤，难以辨认。西面山口亦如北面，两山对峙，古老人工城墙锁钥城口，俗称"西城口"，后因泥石流被毁。西城口两边有向南北两端延伸长达千米，形似古城墙的悬崖绝壁，称为"自然城墙"。天然城墙和人工城墙浑然一体，将三里城包围其中。三里城凭借城门据险

自然城墙

扼守，确有"一夫逍遥守隘关，环而攻之而不胜"之险，可以说是上苍赐予了古代巴人一个理想的防御自守之地，一个可供休养生息的避难留居之城。

三里城城内平均海拔1100米，年平均气温13℃，七月平均气温24℃，光照充足，湿润、多雾、多风。土壤呈黄棕色，富含硒，适宜油菜、玉米、大麦、小麦、马铃薯、红薯、大蒜、烟叶、药材以及豆类植物生长。城内山中有山。东有朱雀岭，西有磐石山，南有争神岭，北有天子山，中有天鹅山。这些山峰将三里城分割成王属湾、李耳坪、下马坑、射堂坪、金殿岭、常家坪等若干子村落。村落间田野纵横，人烟鼎盛，既互不干扰，又守望相助。

2014年，三里城村与纱帽山合并，辖16个村民小组。据2020年3月统计，全村共有521户，1545人。全村居民以土家族为主，土家族占80%，汉族占20%，姓氏以谭、向、屈、邓、王姓为主，其中谭姓和向姓占总人口的73%。村域面积12平方千米，森林覆盖率87%，主要是以杉木、马尾松为主的针叶混交林和以栎木为主的阔叶混交林。

城址将三里城村分为南北两部分。北面的纱帽山是人口密集区，尤以洋妹儿坪、纱帽山、三里荒人口密度最大。哨棚顶为纱帽山最高峰，海拔1450米，与清江水面垂直高度1049米。哨棚顶因作为三里城外部防御哨所而得名，每逢战乱，有贼入侵，哨棚顶升起狼烟，三里城全城尽知。如今已成为低空极限运动训练基地。

在哨棚顶凭栏俯瞰，三里城山势横断，形似半岛；山下阡陌纵横，茂林修竹错落其间，房屋庐舍星罗棋布；清江有如一弯新月，透出万般秀美，乳白色的雾气不时升腾，弥漫整个天际，云海翻滚，缥缈间露出几片田舍，令人心醉神迷，宛如仙境。这里现已成为摄影爱好者的乐园，他们追随着春夏秋冬，用镜头书写诗情画意。

三里城是巴文化发祥地，是现代土家族寻根问祖的圣地神山。城中的绝壁天河——巴东红旗渠入选湖北省第七批文物保护单位名单，这里还流传着元末红巾军领袖陈友谅的传说，旅游资源极为丰富。

三里城以绝壁为城，以清江为池，山门镇锁，固若金汤，且南有天然港埠，

哨棚顶

北有茶盐古道。站在城上极目远眺,长阳、五峰、鹤峰、建始尽收眼底,享有"一山望五县"的盛名;又因其东有古捍关,西有景阳关,南有连天关,北有野三关,因而被称作"四关捍卫、五县朝拱"之地。

二、地名由来

据传,三里城是巴人先祖廪君穴居过的"城",村落是从穴居时代开始形成的。三里城山上多洞穴,经初步考察,有明显人类居住痕迹的就达十多处,如仙人洞、大洞湾、黑洞、千人洞、向家洞、硝洞、天眼洞、九楼洞、拖洞、红岩屋、阴阳洞、骡子洞等,这些洞穴可住十来人至上百人不等,为早期人类避风遮雨和繁衍生息提供了极大的便利。

《后汉书·南蛮西南夷列传》记载:

巴郡南郡蛮，本有五姓：巴氏、樊氏、瞫氏、相氏、郑氏。皆出于武落钟离山。其山有赤黑二穴，巴氏之子生于赤穴，四姓之子皆生黑穴。未有君长，俱事鬼神，乃共掷剑于石穴，约能中者，奉以为君。巴氏子务相乃独中之，众皆叹。又令各乘土船，约能浮者，奉以为君。余姓悉沉，唯务相独浮。因共立之，是为廪君。乃乘土船，从夷水至盐阳。盐水有神女，谓廪君曰："此地广大，鱼盐所出，愿留共居。"廪君不许。盐神暮辄来取宿，旦即化为虫，与诸虫群飞，掩蔽日光，天地晦冥。积十余日，廪君伺其便，因射杀之，天乃开明。廪君于是君乎夷城，四姓皆臣之。廪君死，魂魄世为白虎。巴氏以虎饮人血，遂以人祠焉。

武落钟离山

这段史料告诉我们，今天活跃在川东、鄂西地区的土家族是廪君巴人的后裔，他们的远祖居住在武落钟离山的赤黑二穴，廪君是其著名首领。

早在四千多年前，土家远祖五姓蛮部落就在三里城过着穴居的生活。后来先祖廪君巴务相在武落钟离山掷剑称王，统一五姓部落后，弃穴居而创干栏，终渔猎以启农耕，村落开始形成。

后来廪君为开疆拓土、广求廪地率部落出走，老弱病残孕者因不可能随征，就留在了武落钟离山。

有专家认为，公元前316年，秦灭巴后，巴人的一支有可能为避难又回到了武落钟离山的石穴。中国历史上战乱频繁，很多地方曾经"白骨露于野，千里无鸡鸣"，来武落钟离山避难的人越来越多，村落也不断扩大，武落钟离山的名气也越来越大，东晋袁山松的《宜都记》、南朝盛弘之的《荆州记》、北魏郦道元的《水经注》等都有记载，最终武落钟离山之名被"难留城"所取代。根据历史资料考证，"难留城"这个地名在晋代以前就有了。

三里城能形成繁华的古村落，与便利的水陆交通是分不开的。其南有桃符口水运港埠，北有贯穿东西、沟通南北的陆路古道。

三里城地名的由来有多种说法。

《巴东县地名志》记载，相传清康熙年间，土皇帝尤梅进在此修建皇宫，遗迹尚存，地基全为錾子打过的条石，约占三里地面，故而得名。

当地老百姓说，元末红巾军领袖陈友谅曾在此修城屯兵，招兵买马，据险反元，从东城门到西城口约三里路，所以叫三里城。

还有一说，元至正十三年，陈友谅来三里城作兵衡，在兵堂湾制造火药，现栈道、炮口及冲火药的石碓等遗迹尚存。传说他觉得难留城的名字有损他高贵的身份，将其改为三里城。

三、村落格局

三里城村落是从穴居时代开始形成的。三里城村溶洞多，主要集中在大洞湾及西城的绝壁下，成条状分布。早在四千多年前，土家族远祖五姓蛮部落就在三里城过着穴居的生活，形成原始村落。

三里城村各子村落房屋自山脚起沿山坡一排排向上建，呈阶梯状分布。各子村落由一座山岭或几座山峰隔开，相对独立，又遥相呼应，互不干扰。

从整体看，三里城村呈"官人撞古钟"的景观格局。远眺，三里城村山体形貌如同一位戴着乌纱帽的古代官人，握着一根长长的撞杆撞击一座倒扣的巨型古钟。城垭的山梁形似一根长长的撞杆，南部的山体形似一座倒扣的巨型古钟，城外的纱帽山形似一顶巨型乌纱帽。

进入城内，站在李耳坪向南远眺，朱雀岭如同一只振翅欲飞的巨型神鸟，稀稀落落的房舍点缀在这神鸟的右翅上；站在朱雀岭北望，李耳坪有一座小山峰被另外七座小山峰拱卫，这一景观被称作"七星捧月"，房舍依"月"而建；王属湾被五个大小不一的小山峰拱卫，被称作"五峰朝圣"。三里城村落做到了人与自然的完美融合。

三里城境内山中有山，东、南、西三面的山峰均自绝壁边凸起，长漕将三里城村切割成南北两半，南部的天鹅山和北边的天子山均是由连绵的低矮山峰组成的山岭。

三里城村中有多处泉水，但大多水量不大，未形成地表径流，正常气候条件下能满足人畜饮水需要。主要水源地分布在王属湾、下马坑、红角井、大洞湾、偏岩和朱雀岭的半崖中，其中大洞湾、偏岩的水量较大。此外，居民还利用石窠储存雨水，用以灌溉和牲畜饮水。

三里城村自城垭由北向南还有连接施荆、施宜古道和巴鹤古道的主干道，直通城门口。

四、村落民俗

（一）生产方式

1. 传统农耕

（1）双牛耕地。

双牛耕地的现象在三里城非常普遍，当地农户说"田地耕得深，才有好收成"。因深耕土地使用单牛比较吃力，三里城80%的农户使用双牛耕地，单牛耕地的较少。

（2）秋耕冬凌。

秋收结束后，农民就要将田地深耕翻土，叫作耕冬田。耕过的冬田，经日晒雨淋、霜雪冰冻，可杀灭虫害，而且土质松散，较春耕时省力。

（3）石窠蓄水抗旱。

三里城地质特殊，岩石表层经过长期溶蚀，形成大小不一的众多石窠。三里城因水源不足，村民就在田边的岩石上揭开土层，露出石窠，做好防渗水处理，每逢降雨，将山中的水引入石窠蓄积，干旱时用以抗旱。

（4）广积粪肥。

人畜粪肥作为三里城农业生产的主要肥料，不仅肥效高，而且能改良土壤，利于耕作。在三里城，家家户户都有猪圈、粪池、牛羊栏圈、鸡舍。粪便进入粪池储存，发酵后挑入田中施作底肥，或作追肥淋苗。夏季，每天早晚农户都要上山割草打青，将青草置入牛羊栏圈中喂养牛羊，并把收割后的农作物秸秆置入圈中。初冬时节，树叶落下，农户把树叶背回家倒入猪圈或牛羊圈中，一方面使猪、牛、羊有干燥的窝；另一方面，这些青草、秸秆、树叶夹杂牛羊粪便，经牛羊踩踏腐烂发酵，耕种时运往田中施作底肥，肥效好。村民家家户户都有取暖烧水用的火坑和做饭用的土灶。取暖做饭柴草燃烧形成草木灰，将其倒入鸡舍，耕种时将混有鸡粪的草木灰拌以粪水，发酵后运往田中施作底肥。陈壁灶土也能作肥料。当地有"千年的墙赶不上当年的灶"之说，有的土墙经过几十年甚至上百年的烟熏，沾满扬尘变成陈壁土，具有一定的肥力；此外，废弃的土灶经过成年累月的高温烧烤，也具有较好的肥力，居民将土灶陈壁拆卸打碎，拌入粪水，作为肥料施入田中。所有这些都是三里城农业生产的重要肥源。

2. 林木种植

在林木种植方面，三里城村民喜在空地或房前屋后栽培竹林果树，尤喜栽樟木椿树。三里城城垱有棵树龄600年的黄连木，村民至今仍称之为"婆妈树"。

（二）生活习俗

1. 饮食习惯

三里城不产水稻，以玉米、马铃薯为主食，以菜籽油、猪油为主要油料。马铃薯在当地被称为洋芋。村民一般每日吃两顿饭：上午10点吃一顿，下午5点吃一顿。村民清早起床不吃早餐就上山劳动，称之为"打早"，"打早"结束，10点吃早饭。晚餐结束，还得上山劳动至天黑，称为"打夜工"。从前生活艰苦，以脱粟及米麦为上食，荞麦、燕麦次之。粉蕨根为佐食，称为"葛粉粑粑"。村民的日常菜肴主要是"面饭懒豆腐"或"懒豆腐洋芋"。所谓懒豆腐，就是将黄豆浸泡待发胀后磨成豆浆，不滤渣，不放石膏粉，只放入少量青菜，煮沸后即可食，外地人称之为"合渣"。将玉米面粉用水拌湿，再用甑子蒸熟后配以懒豆腐，叫"面饭懒豆腐"。将洋芋去皮洗净后放入懒豆腐中煮熟，称为"懒豆腐洋芋"。

除懒豆腐外，日常菜肴还有酱豆食、鲊广椒、腊肉火锅、玉米粉蒸肉、炒洋芋片（丝）、油炸洋芋、洋芋粉粑粑，以及各种炒时令蔬菜。

2. 整酒席

但凡村里有喜事或丧事，都要整酒席。席上一般摆十二碗，家庭条件差的，也可以摆九碗，即四碗蒸肉（春芽蒸肉、咸菜蒸肉、鲊广椒蒸肉、玉米面粉蒸肉），两碗虚瓜片（蒸糯米饭上夹带一点薄肉片），一碗玉米蒸鲊粥，一碗豆腐或果子，两个火锅，其余可任意搭配。菜在桌上呈对称状摆成三路，所以当地人又称吃酒为"吃三路"。酒以当地自酿的苞谷（玉米）酒为主。

3. 尝新

农历七月中旬，玉米还没完全成熟，村民会割一点带回来，加工成玉米浆，煎成玉米粑粑或煮成粥，敬献祖先，然后家人在一起过月半（中元节），尝个新鲜。当地流传着"七月秋风凉，风吹五谷香，家家户户把新尝，中元祭祖忙"的民谣。

（三）礼仪

三里城是礼仪之城，村民非常讲究礼仪。主要表现在以下几个方面。

1. 交际礼

到别人家做客要说"送恭贺",主人家听到恭贺声,要出来迎客,说"稀客,请坐"之类的客套话。主人家给客人上烟奉茶,要说"请吸烟!""请喝茶!",客人接过烟茶,要说"得罪!"或"多谢!",客人告别时要说"多谢了!"或"吵扰了!",主人家要出门相送,说"慢点走!""稳当些!"。

询问陌生人的姓名,要说"请问您贵姓尊名?",客人作答要说"免贵姓××,草名××。"

众人一起就餐,要请长辈坐上席或下席,自己坐旁席;吃饭结束,要双手托筷叫同桌"慢点吃",还在继续用餐的人要回礼说"请落箸"。

一路同行,要让长者走在前面,自己跟在后面,分别时要说"您慢走!"。

2. 诞生礼

诞生礼有两种:一是"洗三",土家人结婚后,生了孩子的第三天,就要给孩子洗身,穿上新衣服,燃放鞭炮,表示庆祝;二是"整祝米酒","洗三"过后,小孩的父亲要拿着礼物到外公外婆家报喜,外公外婆要确定专门的日期到女儿女婿家表示祝贺,俗称"过家家(读 gāgā,即外公外婆)客"或"整祝米酒"。

3. 婚礼

过期,就是正式结婚。男方称为接媳妇,女方称为嫁姑娘。男方以确定婚礼日期为正筵(也叫正期),女方以举行婚礼的头天为正筵。正筵即正式招待宾客。男方娶亲的程序如下。

(1)过礼。

过礼需根据娶亲路程的远近定时间,一天能返回的,就在当天过礼,一天不能返回的,就前一天过礼,并在女方家过夜。除礼乐队和背嫁奁的外,往礼上(迎亲队伍)去的共计十三人,视媒人性别定男女人数。若媒人为男性,则陪媒也应当是男性,往礼上去的含媒人和陪媒共八人,其中有两人为主管,也叫管礼先生,另外四人为配角;未婚女子要去五人,迎亲队伍回来时,含新娘和两个高亲,[①]总

---

① 高亲指新娘嫡亲族送亲的人。

共女性也是八人即好事要成双。礼房先生一人负责交抬盒，清点聘礼，散发茶食等，另一人主要负责迎亲队伍的安全。抬盒中除给新娘的衣服、鞋袜、饰品外，还必须有一对红烛、一封发亲鞭、两壶礼酒，以及给新娘上头开脸的化妆品和红包。俗话说"接媳妇的满堂红，嫁姑娘的一场空"，所以发亲鞭在姑娘出嫁的时候不能放，是姑娘回门时才放的。对于女方来说，嫁姑娘既不是喜庆事，也不是伤心事，而是酸楚事，所以到男方家叫吃喜酒，到女方家叫作吃酸酒，姑娘走出闺门到男方家去不得放起身炮。

迎亲队伍出发前，媒人披红与陪媒、管礼先生一起在香火前深鞠一躬后才能出大门，背抬盒的紧随其后。到达女方家后，女方家有专门接抬盒的，放在中堂的镶桌上，衣服抬盒放在右边，茶食抬盒放在左边。女方家找烟喝茶完毕，两位管礼先生就要和女方家支客师接头商议两件事：一是串厨利食，即给女方家厨师的红包；二是开盒事宜。凡头天过礼的，在当天晚上开盒，当天过礼的，到女方家半小时后开盒。商议结束，女方家支客师就要召集女家嫡亲族，聚会中堂，一是看看男方家给新娘的衣饰如何，二是领取男方家送来的茶食，由男方家管礼先生按女方家辈分逐一分发。本次领茶食是不需要给男方家新郎红包的，但姑娘去了婆家生育后，整祝米酒这些人都必须作为"家家客"到场。

(2) 交盒开盒。

男方家管礼先生讲：

父母养女苦含辛，高门大户有闺门。谈婚姻虽待媒妁之言，具有父母之命，也是二家的朱陈，本应讲起礼仪，备起盘缠，在荆州沙市扯起缎袄长裙来接人，只怪家庭寒微，设办不均，几件粗布衣裳衣料，全购于本地乡村。我们是穷亲攀高门，还望众位贵亲族，高抬贵手，原谅万分，说之不到，交接不清，现将钥匙付与开盒先生。

管礼先生说完，将钥匙插入锁中，女方家两位开盒的回礼兴：

各位亲台高堂坐，东家请我来开盒，我往盒边走，金箱玉盒摆两头，我往盒边站，一对金壶放中间(gān)，双手揭开金盒盖，百样礼物都装来。

一开天地久，文武八百秋；二开日月明，松柏永长青；三开北斗星，财发万年春；四开星斗现，红庚定万年。抬盒开在高堂上，请管事先生来清点。

礼兴说完，男方家的管礼先生和女方管事的把抬盒内给新娘的衣服、鞋袜、饰品取出，女方专门负责给新娘打扮的人将这些东西用筛子端进新娘的闺房，为新娘梳洗打扮。

接着是交报母衣。管礼先生说：

子平子曰今日了，厚地高天恩难报，从小到今朝，深更不知半夜，五更不知鸡叫，为儿为女把心操。喜今日应举礼仪，本应扯段好布缝套合身的衣帽，来报答大人的劬劳，只因家庭贫困，扯段粗布是个心意，尔后日子长，娃儿们慢慢来尽孝。

父母接领说：

向平之愿今日了，养儿育女不周到，本来是从小到今朝，深更不知半夜，五更不知鸡叫，这也是做大人应该操的劳，把亲戚破费了，亲戚是实意，我们就实领到。

(3) 发亲。

装扮新娘的时候，女方家支客师安排族间的亲人帮忙收拾嫁妆，把箱和柜送出大门，男方家帮忙的人再收拾嫁妆，待全部嫁妆收拾完毕，一起离开女方家。女方家在收拾嫁妆的时候，男方家乐队奏响求亲乐曲，然后再打镶桌①，收好抬盒箱子后，新娘在高亲的陪伴下走出闺房，来到堂前对着香火深鞠躬，表示告别家神。礼上来的五个女子及乐队走出门，随后礼上来的八个男人走到镶桌前与支客师站成一排，对着香火深鞠一躬表示告别。

(4) 回神。

迎亲队伍快到男方家时，媒人和陪媒首先进大门到堂屋给东家送恭贺，媒人说礼兴：

偌大山河偌大天，万千年又万千年，前人过去后人续，人间代代

---

① 打镶桌指两张桌子拼在一起。

出圣贤，圣贤缘由婚姻起，婚姻需月老牵红线，今日二姓结良缘，恭贺送到香火前。

随即将戴着的红布挂在堂屋。（媒人所戴红布由男方家收藏保管，待生了小孩，男方给外公外婆报喜后，就要将红布和礼聘送到媒人家去谢媒。）管礼先生再上前进门送恭贺，表示给东家这个忙帮到位了。东家要立即安排接收嫁妆，当新娘的花轿到男方家大门外后，男方家要请一位德高望重的先生在大门外摆一张八仙桌，上面供一把斗，斗里装有粮食，内插一杆秤，先生说一些吉祥话，然后手抓粮食向轿后撒去。之后，男方把新娘接到堂屋拜堂。

（5）铺床。

礼上到了之后，先将女方的陪嫁从堂屋搬到新房，这时由两位中年妇女铺床，这两位妇女一要八字好，二要夫妻和顺，三要子女成双成对。铺床人铺上女家的陪嫁铺盖，边铺边说一段礼兴："铺床铺床，一铺天长地久，二铺地久天长，三铺荣华富贵，四铺金玉满堂，五铺先得儿子，六铺后得姑娘，七铺状元回乡，八铺女进学堂，九铺白头偕老，十铺合家安康。"女方家在收拾嫁妆时，在陪嫁被盖里塞两个红包，是专门为铺床预备的，床被打开后，新娘自然就将红包笑纳了。

（6）拜堂。

拜堂即举行结婚典礼仪式，夫妻拜堂才算正式结婚。拜堂时，香火（即神龛）上要点燃红烛一对，新郎、新娘面对香火站于堂屋中央，新娘居左，新郎居右，新郎、新娘身后各陪站一位妇女，叫圆亲人。司仪喊："一拜天地，二拜高堂，夫妻对拜。"拜完后，由两位圆亲护送新郎、新娘向洞房走去。圆亲要防止新娘抢房，即先进入洞房。圆亲此时非常紧张，如发觉新娘抢先，就要抓住新娘的衣服阻止，让新郎先进入洞房。新郎、新娘进入洞房后，圆亲关上房门，然后倒两杯酒，给新郎、新娘各一杯，叫交杯酒，新郎、新娘各喝一口后挽手互相交换着喝，称为"行合卺礼"。拜堂时司仪要安排介绍人、证婚人及父母讲话。

（7）接路（迎高亲）。

新人拜堂时，男方家在屋外场坝放有板凳，让高亲就座休息。新郎新娘入洞房后，男方打镶桌，请乐队出门，迎接高亲客进屋，称为"接路"。接路第一步差迎书（就是给高亲传递男方家准备迎接高亲的信号），即两姑娘各执一盘子，盘内装热茶一杯，两姑娘端着托盘走出堂屋，在高亲客面前行鞠躬礼说："盘子往下迎，高亲接进门，盘子往上举，二位高亲上前去。"两位高亲站起身接过茶杯，在茶盘上放一红包，两姑娘退让一边，高亲客走到镶桌前，男方两位圆亲在桌前给高亲敬接路酒，讲礼兴。彼此一说一答，常引来阵阵喝彩和掌声。

（8）陪高亲、吃合酒。

高亲客进屋送恭贺后，男方家在一小时内打镶桌、吃合酒陪高亲，吃合酒的人为媒人、陪媒、陪高亲的二人，以及往礼上去的姑娘、伴郎和伴娘等共十六人，桌上摆十六个盘子，分列两路，一路八个，盘内装有各种糕点糖食、瓜子、干鲜果等。高亲及陪高亲的就座之后，席旁进酒的人和抓糖果的人给高亲客酌酒，抓糕点糖食。

（9）歌舞陪高亲。

到了晚上，坐席结束。又打镶桌陪高亲，其摆陈与吃合酒一样。这一次陪高亲的人员主要是男方家的簪儿家家（外祖母）、姑、舅、姨还有歌师等，席上席下，共聚一堂，主要是给高亲劝酒、奉糕点糖食、唱歌、"打花鼓子"。

（10）交钥匙。

高亲客晚上离席后，趁着开箱取鞋子之机，将新娘嫁妆上的钥匙交给新娘婆婆，意在请婆婆当家理财。当然，也有交接礼兴：

一根钥匙三根茎，我交给亲妈锁金银，上锁楼门下锁厅，你是天上的财帛星。

婆婆回道：

二位正客请放心，安安心心转告亲，妈妈没有两样心，媳妇当作女看成。

（11）穿鞋。

拜堂后的第二天早晨，高亲客和男家支客师接洽，由支客师召集新郎嫡亲长辈到堂屋就座，高亲客把新娘做的布鞋分发给长辈。在镶桌上放着盘子，一位高亲用筛子端着鞋放在镶桌上,一位高亲端着盘子,盘子里放着酒壶和酒杯,请领鞋人喝酒,交鞋的时候高亲客要说礼兴。

(12)开蜂糖粑粑。

交鞋完毕,高亲客把新娘娘家为新娘准备的新鲜谷粑粑或糖食糕饼分发给客人,叫"开蜂糖粑粑",新郎、新娘跟在高亲客后面给客人奉烟。

(13)打发酒。

早晨的早饭叫"打发酒"。第一排席要把高亲和新娘的席位留着,待他们开完蜂糖粑粑后入席吃饭。正筵这天,新娘的晚饭要送到洞房里吃,新娘是不能上桌吃饭的。

(14)回门。

"打发酒"坐席结束,男方家要打起镶桌,举行仪式送新娘、新郎随高亲一同回娘家,俗称"回门"。男方家请女支客师拿起杯盘,盘内放有酒壶、酒杯以及给高亲客买的衣服或扯的布料,叫作"叠个手巾"。

回了门,新娘就大方起来了,进娘家大门时,女儿走在前面,女婿跟随其后。女方还有亲戚来陪新娘的,称为吃"回门酒",男方也有陪客陪亲家。酒席上,送女儿回婆家的人总要说一些客套话,大多为父母能力有限,教育不够,希望公婆细说细教,做父母的不会护短,再就是给女儿一些交代。有的男方父母也宣布家教家风。早饭结束,送的人回家,整个婚礼结束。

4. 丧礼

三里城有句俗话"人死众家丧,不请要帮忙"。村里只要有人去世,村里人都会来帮忙。

在逝者收殓入棺后,孝家就要请人根据逝者的出生日期和死亡日期选择葬期。葬期确定后,孝家就要请人给亲友把信,告知亲友逝者于什么时候病故,什么时间上山埋葬或什么时候"大筵"(今叫"大夜")[①]。

对来看信(吊唁)的人,孝子要给下跪回礼,称为"落礼",看信人要将孝

---

① 通常把亡人出殡的前夜称为"大筵"或"大夜"。

子扶起,说"孝门发达""节哀顺便"之类安慰的话。

看信人要按长幼次序进入灵堂,给亡者敬香、烧纸、奠酒。除亡者长辈外,烧纸要跪着,最后要三奠酒三叩首。此时孝子要跪在一旁,称为"回拜",看信人叩首礼毕,要将孝子扶起。

逝者若是母亲,母亲的后族来看信,孝家要另设酒席,于席上向舅舅、表兄弟等说明家母的死亡原因、治病过程以及去世后安置情况等,防止母亲后家"打孝礼"[①]。

宴席上,孝子要在都管的指导下给就餐人员找烟、磕头,请求各位客人陪逝者最后一夜,于次日帮忙把逝者送上山,客人要起立或离席,说"孝门发达,长发其祥"之类的话。

当地丧礼用的是一种白事喜办的做法,但有两个基本的礼节是必不可少的,一是开路,二是跳撒叶儿嗬。

开路在逝者收殓入棺的当晚举行。所有孝子穿戴孝服,佩戴黑纱跪在灵前焚化楮钱。先生肃立灵桌右侧,瞠视灵位,右手击鼓,左手敲锣,同时轻击法事点(云锣,亦称点子),神情凝重,音调悠扬,清和哀切,如泣如诉,令人泪流千行。

夜幕降临,跳撒叶儿嗬就自发地开始了,持续到逝者出殡前的拂晓。

出殡前的拂晓,都管要组织人开棺,供亲戚朋友瞻仰遗容,最后告别逝者。开棺结束,然后盖棺。这就叫"开棺辞灵"。辞灵结束,帮忙的人将花圈、祭幛收起,拆去大门上的挽联横幅,给灵柩打好腰箍,请灵柩出门。主孝子抱着灵牌,这时鼓乐同奏,鞭炮齐鸣,众人抬着灵柩,走出灵堂,叫"出殡"或"出丧"。

(四)岁时节令

三里城过的节日很多,主要有春节、元宵节、端午节、月半节、中秋节等。

[①] "打孝礼"指孝子母亲的后族闹事。

1. 春节

春节，时间周期长，整个节日包含除夕前后共半个月，从农历腊月二十四开始至正月初九结束。

腊月二十四，过小年。俗话说"长工短工，二十四的满工"，这一天人们一般都不再劳作，出门在外的人都往家里赶，与家人团聚"过小年"。

腊月二十五，打豆腐。这一天家家户户都要自己动手打豆腐，制成豆腐脑、豆腐块、炕豆腐，炸"果子"。

腊月二十六，熬糖，炒苞谷泡儿。将苞谷泡儿和糖捏成一个个小圆球，称为泡儿坨，作为小吃，用以招待客人。

腊月二十七，做米酒。主要是苞谷面米酒。

腊月二十八，刷"扬尘"，即清扫各个房间及院子。

腊月二十九，女人们忙于烧洗肉，男人们则忙于给已故亲人印纸钱，然后封成"包袱"，在"包袱"上写上灵牌的内容，置于香火前或桌子上，于正月初三烧给逝去的亲人。二十九这天，还要去祖先坟头上坟、送灯。

大年三十，团年。团年这天早晨，男人们忙着张贴对联、年画，有的则挂起大红灯笼，更新堂屋香火上"天地君亲师位"牌位。女人们早早聚集在厨房里，烹制丰盛的饭菜，煮猪头、猪蹄。团年时有抢年习俗，团年早的象征来年发财早，一般下午两三点钟就有人开始团年了。家家户户团年时，先要"祭祖献饭"，一般在桌上盛放三碗或八碗米饭，每个碗上放一根筷子，给每个酒杯里倒一点酒，并将最好的菜放在碗中，然后叫逝者："三代宗祖，老少亡人都来团年，领受钱财，保佑全家一年四季百事顺遂。""老少亡人，请酒请菜。"一分钟后，拿掉碗上的筷子，把杯子里的酒顺着桌边倒在地上，然后倒上茶，也顺桌边倒在地上。完毕，燃放爆竹，开始团年。祖辈坐上席，父辈坐两旁，孙辈坐下席，因为孙不避祖，席间喝酒吃肉，可以互相奉菜敬酒。

团年之后，要敬灶神，即拜司命老爷，三张楮钱在灶前点燃后祭拜三下。从团年之后到正月初三不得扫地，怕得罪祖宗神灵。

大年三十晚上"守岁"。一家人围坐在火坑旁谈天说地，长辈给小孩子们压岁钱。火坑里放着一根粗大的树兜，名曰"年猪疙瘩"，要能烧到正月十五。在接近零点的时候，人们都到室外点燃烟花鞭炮，迎接新年的到来，名曰"放天星"。天快亮时，年长者挑着水桶到水井挑水，称为"抢银水"，也叫"抢福水"，以祈求新年财源滚滚，四季平安。

初一守家门，初二不出行，初三初四拜丈人。从初一至初三，吃饭时都要献祖，献祖词为"内外亲戚，老少亡人，都来吃饭，请酒请菜。"习俗如团年时献饭一样。正月初三送年、打发祖先。这天傍晚的送年饭同样丰盛，人们摆上大碗肉献祖，焚烧包袱（即给祖宗的钱），燃放鞭炮送祖先，然后关上大门吃肉喝酒，叫作吃"送年饭"。从这时起就可以扫地了。

正月初九，俗称"上九日"。到了正月初九，亲朋好友们还要聚到一起吃肉喝酒，相互祝福。

2. 元宵节

正月十五，是春节的最后一天，当地人称元宵节为过十五。过十五要亮灯，一是点亮家里室内室外所有的灯；二是在外面放路灯，即在家门前的平地或路边摆放一定数量的灯或烛；三是搭毛狗棚，赶毛狗。

3. 端午节

农历五月是过端午的日子，五月初五为头端午，五月十五为大端午，五月二十五为末端午。过端午主要是做粽子、吃粽子，接女儿女婿回家过节。各家都有采集艾蒿插在大门上的习俗，相传可以避邪。

4. 月半节

三里城的"月半节"是农历七月十一、十二、十三。七月十一为"神仙节"，主要活动是在中堂进香，感谢各路神仙赐福。七月十二为"凡人节"，主要活动是迎接宗族老少及出嫁姑娘回娘家团聚。俗语"年小月半大，神仙也歇三天驾"，就是说土家人经历春夏的忙碌，在月半节要全家团聚，休息三天。七月十三为"亡人节"，主要活动是祭祖，把火纸用白纸包好后，写上已故亲人的名字，焚于户外，并高声呼名哀悼，以示敬送银钱。

5.中秋节

八月十五中秋节,三里城过中秋节最具特色的习俗莫过于"摸秋"。传说这天送子娘娘下凡,没有怀上孩子的妇女晚上伴着月光在瓜田里偷南瓜("南"与"男"谐音),即可怀上孩子,当地人称之为"摸秋"。也有好心人在瓜田里偷摘南瓜送到没有孩子的夫妇门下,名曰"送子"。

五、遗迹遗存

三里城物质文化遗产有特色民居、古遗址、古遗迹、古墓葬、古碑刻、古建筑、古道、古井、历史遗物家谱等。特色民居有随处可见的石板屋。古遗址有陈友谅屯兵反元时的临时行宫遗址,东城口、西城口人工城墙及城门遗址,庙印台向王庙遗址,朱雀岭翁樵观遗址,段荆山泰山庙遗址,常家坪五兄弟拜台遗址。古遗迹有巴人先祖居住之地赤穴、黑穴。古墓葬有多处,著名的有谭小七墓、王

赤穴

国选墓、地盘业主古老前人墓、向氏落业公向经道墓、宜昌府台谭鼎耀墓。古道有巴鹤古道和施荆、施宜古道。古井有大洞湾赤洞内古井、红角井、王属湾古井。历史遗物有雕刻花纹的礅墩、用于垫锁脚的雕刻有花纹的连条石、用于防火的太平缸、舂火药的石碓、用于碾压军队操练场的大石磙。家谱现存的有王姓、谭姓、向姓家谱。

（一）石板屋

石板屋是三里城的一大建筑特色。三里城地表页岩广布，石板开采和制作容易，故三里城房盖大多用薄石板，院坝地面多用厚石板铺嵌。石板有极好的防潮、防水、防火效果，房子板壁的下部也用石板代替木板作为装板。

民居的另一特色体现在建筑样式上，无论是撮箕口屋，还是虎坐式大三间，均用围墙从四面将院坝合围在中间，具有良好的防风、防盗功能。

石板屋

撮箕口屋由一堂屋和两厢房构成，在堂屋对面接厢房，山墙面建有一面围墙，在石板取材方便的地方，人们用小石板层层垒成围墙，在石板取材不方便的地方，人们打上一面土墙，土墙上盖上石板。虎坐式大三间房子在房子左、右、前方三面均用石板垒成围墙。

各种样式的民居都建有门楼子，作为进出院子的通道，一般建在中堂的右侧，不与中堂相对。门楼子四柱落地，顶部盖瓦或石板。

石板屋建筑群

（二）城垭古驿站

城垭古驿站地处施荆古道和巴鹤古道交汇处，占地约360平方米，建筑样式为土家族四合院建筑天井屋,土木结构,具有防风、防盗、防匪功能,由前后正屋、左右厢房四部分组成,前正屋正中间建有门楼。一楼设饭馆、酒肆、茶室和寄物间,二楼设住宿。院内有天井,井高一尺五,井的四周均用条石围砌,井底用石板铺成,井旁盖有一条排水暗道通向屋外,天井四面设有供背夫停靠歇息的条凳。院子外用大青石板嵌铺,设有马凳、拴马桩、马槽等。

现存古驿站一角

(三)大洞湾古井

大洞湾赤洞内水流自离洞底高约一丈的暗河口流出,流出后形成瀑布。瀑布下的岩石经流水长年累月的冲击,形成了一个椭圆形水井。一遇干旱,全村人皆到此处取水。

大洞湾赤穴古井

(四)古墓碑刻

三里城村最出名的碑刻是位于泰山庙的地盘业主古老前人碑。虽然现在已字迹斑驳,但仔细观看还能辨认。碑文全文如下:

南来北往走西东,看得浮生总是空。
天也空地也空,人生渺渺在其中。
日也空月也空,东升西坠为谁功?
田也空土也空,换了多少主人翁?
妻也空子也空,黄泉路上不相逢。
金也空银也空,死后何曾在手中?
房也空屋也空,转眼荒郊土一封。
官也空职也空,数尽孽随恨无穷。

车也空马也空，物存人去影无踪。

世上万般快意事，移时无过总是空。

看来只有一事实，为美点点在厥躬。

人生在世无百年，劝君宽心过几年。

随高随低随时过，有钱无钱且耐烦。

富贵贫贱轮流转，穷通得失总由天。

六、民间传说

（一）三里城五兄弟

很久很久以前，在三里城山上住着五个异姓年轻人，他们各居一洞，靠打猎和捕鱼为生。在交往中，他们萌生了结拜兄弟的意愿。

有一天，这五个异姓年轻人，相约来到狮子山下一个叫拜君台的地方（就是现在的常家坪，今天仍叫拜君台）结拜兄弟。拜过天地之后，他们围绕谁当大哥的问题发生了争执。有的要按年龄大小排序，有的要按本事大小排序。于是，他们决定在一个叫掷剑山的地方射箭，谁射中朱雀的头，谁就是大哥。四个年长的兄弟射箭的时候，风迎面吹来，结果都没射中，等到年纪小的兄弟射时，风是顺向，他一下就射到了朱雀头上。那四个年纪大些的兄弟不服气，认为这是因为风向不同造成的。

他们又约定各自用泥巴造船，一个月后在河里比赛，谁造的船能把人载过清江而不沉，谁就做老大。四个年长的兄弟用泥土做好船坯后，各自在太阳下晒干，而最小的那个兄弟，他用泥巴做好船坯后，躲在山下用火烧了七天七夜。等到比赛那天，其他四个兄弟的船下水一浸泡就散了，唯独年龄最小的那个兄弟造的船在河里稳稳当当，把人载过河又划过来，不破也不沉。于是大家心服口服，推举小兄弟做了老大。

他们回到狮子山下的拜台，给最小的那个兄弟磕头认了大哥。仪式结束后，小兄弟说："你们不妨坐上拜台，我来给你们回个礼，磕几个头，如何？"于是那四个兄弟依次坐上拜台，谁知小兄弟一磕头，他们一个个都感到天旋地转，晕了过去。大家认为小兄弟一定是天上的星宿下凡。四个年长的兄弟彻底服了小兄弟，不仅拜他做了老大，而且还拥立他做了五姓人的首领。他们来到山脚一处五峰相连的地方，面对着五座相连的山峰，指山为盟，义结金兰，发誓永不分离，永不背叛。五兄弟峰上最高的那座山就是他们的老大，它仿佛正在接受下面四兄弟的膜拜。后人曾在五兄弟峰上建寺庙纪念他们，至今遗迹尚存。

据说后来老大把五兄弟带走了，再也没回来。在三里城中，至今还有很多与这些传说有关的地名，如拜君台、掷剑山、争神岭等。乾隆年间，巴东县官王国选在此留下了诗作："孤峰独上三里城，江河绕护蓄异灵。五姓峰藏鸿古事，巴人缘何不此寻？"

（二）五兄弟锁五龙

相传很久很久以前，清江洪水泛滥成灾，当地老百姓经常到庙印台向王庙祈福，祈求向王天子保佑消除灾患。

有一天，一姓谭的老人晚上睡觉时，梦见一个白胡子老头来到他床前，对他说："你们这里经常遭灾，是当地的五条恶龙造成的，他们住在悍龙洞里。六月初六是龙晒衣的日子，它们晒过衣服后，赤身裸体的，会躲在悍龙洞里睡觉，这个时候你叫你的五个儿子拿着向王庙的青线到悍龙洞里，将五条恶龙的脖子套住，然后用一把石锁锁上，它们就再也不能制造灾害了。"谭老汉问："龙那么大的东西，是几条青线就可以缚住的吗？"白胡子老头说："龙可大可小，伸缩自如，它们睡觉的时候就会变得很小。把恶龙锁住后，他们必须迅速退回来，站在五兄弟峰上，各据一峰，手执牛角，准备施法。因为恶龙醒来后，一定不会甘心被缚，拼命挣扎，它们越是挣扎，你的五个儿子就越要拼命地吹牛角，一刻也不能停歇，只有这样才能镇住它们，否则就将是一场灭顶之灾。"

谭老汉一觉醒来,觉得这个梦很离奇,于是起床叫醒他的五个儿子,将梦中的情景告诉了他们,并说:"这是神仙的指点,你们一定要照办。"五个儿子将信将疑,但父命难违。到了六月初六这一天,他们还是拿着向王庙里的青线,走进了悍龙洞,果然发现有五个像壁虎一样的东西趴在洞里一动不动。五兄弟悄悄地走进洞里,用青线将它们的脖子套住,然后挽了个结,用石锁锁上,迅速回到五兄弟峰,拿起牛角静静地等候。那五条恶龙一觉醒来后,果然咆哮着拼命地挣扎。这一刻,山摇地动,狂风、闪电、雷鸣直搅得天昏地暗。五兄弟于是拼命地吹着牛角。五条恶龙虽逃出了悍龙洞,但怎么也挣脱不了青线的束缚,终于被镇住了。久而久之,五条恶龙被驯化,变成了周边的五个村庄,它们便是今天的倒卜龙、下卜龙、东卜龙、猪卜龙、踏龙五个村,锁也变成了一座山,就是现在的支锁。

(三)四十八步上金殿

三里城最高的山为朱雀岭,站在李耳坪凝望,整个朱雀岭就像一只巨大的鸟雀,舒展着双翅,欲栖欲飞。

朱雀岭的制高点为金殿岭,登上金殿岭总有一种羽化登仙的感觉。脚下高峡平湖,烟波浩渺,江飘玉练,雾涌河谷,置身其中,宛如仙境。江流两岸田园风光有如画轴,四时之景不同而画卷各异。江流彼岸,两座山垄酷似一对千年神龟,相依相偎,当地人称之为"情侣神龟"。传说,凡是能发现情侣神龟的夫妻定是恩恩爱爱、偕老白头的伴侣。

传说昆仑山西王母当年巡游此地,认为这里是人间仙境、最佳修炼之地,便相继点化了四十八人在此修道,后均修成正果。

金殿岭下有一石柱,远望像鸟嘴,石柱上原有一道观,名曰翁樵观。在翁樵观与金殿岭之间,有一处"四十八步上金殿"的奇险景观。据传,宋代有一位号翁樵的道人在此修道,为彰显朱雀岭的灵秀与神气,在呈九十度的绝壁上,修凿了四十八级宽五寸、高五寸、长约一尺的险要梯道，寓意有四十八人在此修成正果。金殿岭石梯右侧有一小洞，可容三人。相传三济道人也曾在此修道，留有绝句"吾住山兮山有情，傍石小洞最空清，飞观下界三千里，仰视瑶池十万程"，刻在翁樵观的石碑上。最后一个在此修炼的道人姓王，据说他修道三年后，已经可以不吃不喝，渐渐地，他身上长满了青苔，当地好心人以为他死了，扒开他身上的苔藓，惊醒了他，见他头上长了一条四脚蛇，众人笑他是个怪物，他被当场气死。

金殿岭

因修道之人在金殿岭击鼓撞钟导致山下村庄"公鸡不叫，母鸡打鸣，狗咬自家屋里人"，后来"火烧盐井寺，带剿凤凰山"时，苦竹溪村民乘机把翁樵观拆除。如今，仅留下"四十八步上金殿"的梯道。

七、流传诗文

登庙印台
明·熊馨斋

巴王天子号角鸣,庙印台上树麒麟。
四围青山奉险地,一曲绿水绕孤城。

题五姓峰
清·王国选

孤峰独上三里城,江河绕护蓄异灵。
五姓峰藏鸿古事,巴人缘何不此寻?

秋游桃符口
清·刘嘉麟

离家两日意如何?无限秋怀触碧波。
难留城下山水险,桃符江上别离多。
暮鸦空噪虎过岭,野鹿犹惊大子坡。
几度要将停棹问,芦中也有大子坡。

难留山观景
清·谭大秀

独立峻绝难留山,一夫逍遥守隘关。
朱雀东鸣飞天去,玉带绵绵滚清江。
赤穴悠悠隐仙士,东县城池固金汤。
玉女仙童赏异景,皓月金轮染梦乡。

游难留城有感

佚名

城隘巫风未曾穷,观音神殿鸣大钟。

难留城山不改移,唯有夸水总向东。

八、民间歌舞

(一)花鼓子

三里城一带,凡逢结婚、生子、寿辰等喜庆场合,都要跳"花鼓子"。在筹备喜事时,主人家会考虑请会跳"花鼓子"的来当领头。在办喜事的人家,晚饭后,跳"花鼓子"的男男女女不化妆,站到堂屋正中,以一男一女或数男数女的形式出场,每人手持小方手帕,和着音乐节奏,边舞边唱,亲朋好友则在中堂内观看。

跳的人少时就"转圈",人多时就"穿花"。伴奏可用锣鼓击乐或用二胡作为间奏,也可不用伴奏。"花鼓子"的基本步伐是"两步半",走成"之"字拐。基本姿势是"三道弯",呈S形。其要诀为"脚踏之字拐,手似弱柳飘,腰儿前后扭,屁股两边翘",因此,它又名"扭花鼓"。俗话说"跳花鼓子没得巧,只要屁股扭得好"。

跳"花鼓子"讲究顺、曲、躬。顺是指右手与右脚、左手与左脚同进同退,即手脚同边。曲是指舞者臂、腿弯曲,保持一定的弧形,含胸,体态下沉。躬是指舞蹈中臂、腿、胯、肩各个部位乃至全身都处于躬着的状态。

"花鼓子"旋律平稳、舒缓,没有跌宕起伏的旋律,也没有哀声怨气的悲伤情调。"花鼓子"歌词丰富,曲牌有十多种,大多以"五句子"为主,"四句子"为辅。歌词内容大多以爱情为主,因此跳花鼓子舞有一定禁忌,即父亲和女儿不能跳,公公和媳妇不能跳,小叔子和婶子不能跳。

（二）跳撒叶儿嗬

"跳撒叶儿嗬"又称"闹夜"或"打丧鼓"，流行于以三里城为中心的清江中游，它源于远古的巫术活动，历史非常悠久，至少在唐代以前这种风俗就形成了。《后汉书》记载："廪君死，魂魄世为白虎"；唐樊绰在其《蛮书》中写道："父母初丧，击鼓以兴哀，其歌必号，其众必跳，此乃白虎之勇也"，显然《蛮书》中所说的"白虎"指代的是廪君，可见"撒叶儿嗬"与廪君有着深层内在的联系。

三里城跳撒叶儿嗬无唢呐伴奏，跳者和歌，歌舞并重。舞蹈动作多为模仿土家先民狩猎劳动的动作以及动物的动作，如"凤凰展翅""犀牛望月""黄龙缠腰""猛虎下山""燕儿衔泥""牛蹭痒""水牛抵角""鸳鸯伸腿""鹞子翻身""鲤鱼扳滩"等。其舞步主要有"摆身步""拧身步""车身步""左右撒步""左右移步""点步""踏步"等。俗话说"丧鼓丧鼓，三槌半为鼓，脚走三步半，跳的才好看"。

撒叶儿嗬歌词内容多为五句子山歌和小调。

凡出殡的前夜，跳撒忧儿嗬的在拂晓前要送神，其程序包括绕棺—哭灵—燕儿衔泥—送五巾—猛虎下山—送鼓神。

九、家族人物

在三里城占据主要地位的姓氏是谭姓和向姓。其中谭姓又分为八坪谭和六大房谭近支两个族系，八坪谭主要居住在城外的纱帽山片区，六大房谭近支则主要居住在城内。

（一）八坪谭

根据《谭氏族谱》记载，谭氏是商族之子孙黄帝族之后，是以鸟为图腾的部落，授封谭为国姓，至齐桓公灭谭，国人四处逃散，谭子奔莒，隐居终南山。至宋谭贤出仕于南京凤阳府（今安徽凤阳县）太和县，其子谭祯辅生路松、路建、路遥，松后于吴越，遥居原籍，建后于楚川。据《谭氏族谱·巴东续序》记载：

"始祖谭路建，系南京直隶凤阳府颍州太和县，并与西庄人氏生一子谭绍。谭绍生子谭汝益，除授四川成都知府，总夔、泸、庆三台银印，敕赐执事元帅之职，上马管军，下马管民。因惊受寒，飘落游猎，落籍巴东大墓坪（今清太坪镇白鸠坪），自路建公传五代至子甲，子甲生十二郎。"八坪谭始祖谭天飞为十二郎谭常凤遗腹子。谭常凤，字殷隆，号舜禹，生于元仁宗五年，为凤阳府知府；佘氏，元仁宗九年生于南京凤阳府永州太和县西庄佘氏街。元末明初，天下大乱，谭常凤携其妻佘氏来到楚地避难，被陈友谅弓斩于宜都八斗台，夺娶其妻佘氏为第七夫人，佘氏不从，只身逃往巴邑川子架响洞，前有磨刀河挡道，后有追兵，万般无奈下，荡金盆七日七夜，出世刀尖岩，遇神鹰来负，云云。

八坪谭氏将自己的始祖传说载入族谱，与民间广为流传的谭氏姐弟成婚的故事情节惊人相似。

居住在纱帽山片区的八坪谭属幺房谭桂海之后，至志豪公于明成化八年（1472年）由磨刀河迁居绿葱坡绍化，后志豪公玄孙谭宗信等返回纱帽山，至谭宗信第八代孙谭继瑞、谭继初于民国五年（1916年）在纱帽山修建祠堂。八坪谭在纱帽山出过不少名人：

谭宗信，生于康熙二年，四川制台。

谭顶让，谭宗信之子，湖南知府。娶化氏为妻，生谭赐、谭福、谭官、谭禄，称"一国学三生员"。

（二）六大房谭

居住在三里城城内的谭姓自称为"六大房"，无祠堂，家谱也佚失。相传，老祠堂在南京凤阳府（今安徽凤阳县）颍州太和县西庄，后迁居宜都七口堰，至太珠、太银兄弟由七口堰迁到三里城，至今已传承了十四代。

六大房谭在清代出过不少名人，至今仍保留有较完整的墓碑。

谭鼎耀，字国昭，生于康熙三十年（1691年）腊月，卒于嘉庆五年（1800年）三月，曾任宜昌府府台。

谭嵩，谭鼎耀之子，曾任东湖县（今宜昌）知县。

（三）向姓

居住在三里城的向姓落业祖向宗禄，清雍正时期从桃符口八磴屋场迁入，向宗禄的墓碑尚存。

据三里城向姓族谱记载：

> 向姓起自司马，以官为姓，传至圣明公十代而生向宠。宠生八子，次子向大亨，号汝海，奉檄楚北平蛮，见世乱，至归巴等处，欣然有出世之想，斩草为舍，铸八耳锅，跌破各执，兄弟分手，后会执此比合为凭。

其为三国时期向宠之后，向宠次子向大亨即荆南向氏之祖。

向姓族谱常家坪支谱的派行为：

> 圣敏显登万，兴朝馥忠天，向大宗启元，君必秀胜永，文明系东邦，玄十久从光，庭学诗礼远，家传世守长，明文经宗道，向兴启发达，祖志正宏大，定国佐朝廷，克绍从先业，世代永维新。

（四）村落人物谭小七

烈女谭小七

清道光年间，三里城发生了一件极为悲壮的事。至今听来，仍令人扼腕叹息。

故事的主人公叫谭小七。她出生在三里城一个富贵之家，父亲谭承化，有良田数百亩，家奴成群，可是命运却非常凄苦，虽有两房妻室，邓、向两位夫人前后一共生了六个男孩，很想要一个女孩。后来妻子又十月怀胎，终于在嘉庆乙丑年（1805年）的一天，生下了一个女孩。晚年得女的谭老爷如获至宝。由于她是父母生育的第七胎，故名谭小七。

小七自幼聪颖，读书识字过目不忘，她父亲将她送到私塾读书，她咏诗作文，全学堂无人能及，更得父母喜爱，被视为掌上明珠。

光阴荏苒。转眼间，小七已是豆蔻年华，模样出落得相当标致，虽说不上羞花闭月，但也是个清水芙蓉般的灵气女子，加之特别爱打扮，时人夸她："云鬟两边分，鸢尾后生成，擦上胭脂共水粉，美貌盖世人。"

这样一个知书达礼、才貌出众的千金小姐本应有一个好的归宿，却是红颜薄命。

在谭小七十五六岁的时候，提亲的人络绎不绝。谭小七年纪虽小却很有主见，她多次提醒父母"女儿的婚姻大事，须得女儿自己同意"，谭老爷尊重女儿的意见，提亲都被婉言拒绝了。

媒人提亲被拒的事传遍了十里八乡。当地一个很有权势的富豪人家知道后，动了心思。他带着银钱找到谭姓族长，说明来意，并请族长保媒。

百年前，在当地有很多婚姻上的清规戒律，如"子女一人养，风化合族掌"①。家有女儿，约定终身，若不经族人同意，叫"贪金卖骨，欺压众族"，父母是要受罚的。

族长收了银子，拍着胸脯满口答应了富豪人家的请求。他来到谭小七家，把富豪人家的想法对谭小七的父亲说了，婚事没有半点商量的余地。谭老爷一想，觉得这门婚事也算是门当户对，就答应了。可是，心高气傲的谭小七并未受到封建礼教三从四德的束缚，她看不上这权贵之家的纨绔子弟，誓不从父母之命，与一私塾先生的儿子相爱了。这下不仅惹恼了族长，更逼得她的父母下不了台。因为父母应允女儿婚姻叫"开金口"，既然答应了这门亲事，就没有反悔的余地。

于是，谭老爷把女儿锁在绣房，不让她再去读书，族长也出面将私塾先生赶出了三里城。

这样相持了两年，十八岁的谭小七已成"老姑娘"，到了非嫁不可的年龄。虽然婆家催婚甚急，又有来自族长的高压，但谭小七就是誓死不嫁。眼看离婚期越来越近，谭小七明白已无法改变自己的命运，万般无奈下，她选择了以死

---

① 指子女的婚姻等人生大事需得到全家族的共同认可。

抗争。在一个月明星稀的夜晚,她自缢身亡。此时,距离她18岁生日还差两天。

自缢前,她留下了悲愤泣血的绝命诗《十怨》:

一怨我爹娘,爹娘无主张,女儿长得那样强,何不把家当?

二怨我媒妁,媒妁千般错,找个纨绔相伴我,叫我怎么说?

三怨我的郎,婚姻纸一张,天高水阔堪比翼,为何缺胆量?

四怨我族长,就是个活阎王,什么风化合族掌,其实黑心肠。

五怨我公婆,花花肠子多,明知癞蛤蟆想天鹅,生死不毁约。

六怨我堂哥,其名读《大学》,小七命运向谁托?你怎不管我?

七怨我先生,除非有隐情,文盖巴邑诗超群,怎不求功名?

八怨观音堂,许愿烧高香,姻缘梦碎断肝肠,都是假神王。

九怨我学友,今生难执手,纵使姻缘不成就,何必生怨尤?

十怨我的命,实在命不成,生死不过一条绳,早死早超生。

谭小七墓

看着年轻的女儿为婚姻自尽,谭老爷伤心欲绝,他把女儿埋在城垭的施荆古道旁,忍受着巨大的悲痛,亲手为女儿立了一块五镶碑,并在女儿的墓碑上题了一首诗。诗曰:

　　大垭山前土一丘,果无荣辱果无愁。

　　墓田伴作归宁志,啼向杜鹃血泪流。

十、自然景观

(一)朱雀岭

朱雀岭为 2014 年合村前三里城村的最高点,海拔 1248 米,因山形酷似朱雀而得名。

远望,它就像一只巨型神鸟正伸展双翅,凌空欲飞。山顶曾建有道观,名

朱雀岭

曰翁樵观。相传自南北朝起,先后有四十八人在此修道,至宋代有个号翁樵的修道之人为彰显朱雀岭的灵秀与神奇,在山顶近九十度的悬崖上开凿了"四十八步险要"梯道,寓意四十八人在此修成正果,留下了"四十八步上金殿"的人文景观。

登上朱雀岭,视野极为开阔。世界第一高坝水布垭大坝尽收眼底,特殊的山势地形给人带来清江西流的感觉。山下田畴层叠,随着季节的变换,呈现出一幅幅风光迥异的田园画卷。江流彼岸两座山垄形似一对巨型神龟,相依相偎,人称"情侣神龟";远处盐水神女峰神秘朦胧,让人浮想联翩。

站在朱雀岭的山顶,一切俗念荡涤殆尽,只剩下净化后的灵魂,恣意神游。

(二)争神岭

朱雀岭以南便是争神岭。

争神岭因廪君与黑穴四姓曾在此争事鬼神而留名。相传巴氏务相被拥立为

争神岭

廪君后，满怀雄心壮志，对着争神岭"望之而啸"，"山崖为崩，宽三丈余，如阶陛相乘"。廪君于是拾级登上山顶，抽签问卦，谋划部落前程。

山下，清江流经桃符口，与北面的磨刀河及南岸的五龙河交会，形成三江汇流胜景。随着水布垭大坝水位的提升，如今这里变成了巨大的十字湖。

（三）磨刀河

站在西城磐石山上俯瞰千米深谷，石峰平台、崖壁风光、溶岩地缝、流水人家跃入眼帘。从谷底至山腰，状如台阶，平台上散落着农户，炊烟袅袅，巴东红旗渠如缠山的玉带，贴着绝壁从城垭穿过，一壑处秀，万物峥嵘。磨刀河奔腾咆哮，响彻空谷。当地老者说，磨刀河曾是巴王廪君磨刀砺剑之河，因此得名。它发源于野三关镇铁厂荒南麓，向南流，在桃符口入江。

（四）常家坪

沿三里城主公路前行，出西城口，由大洞湾向南便是常家坪。当地人以西城口及天然城墙为界，把常家坪称为城外。

常家坪

常家坪脚下便是清太坪镇的郑家园村，一道绝壁形成岩磴，将常家坪与郑家园村分割隔开。在常家坪通往郑家园村的半山腰，有两个巨型石柱，一上一下，相距50余米，大石柱直径10米，通过一道三尺（1米）宽的山梁通向柱顶平台。平台古为军事要塞，后建有向王庙，民国后期又将向王庙扩建，供有灵官菩萨，现遗迹尚存。庙下小石柱形似一枚巨大的方形官印，前人将这两处景观合取了一个名字，叫庙印台。庙印台是三里城通往桃符口港的唯一通道。桃符口东距长阳盐池河温泉约30千米，相传当年巴人先祖廪君乘土船东征盐阳夺取盐泉，就是从桃符口出发的。廪君曾在庙印台吹响牛角，号令水军。

庙印台旁有五座大小不一的山峰连为一体，当地人称作五姓峰或五兄弟峰，有栈道与庙印台相通，峰顶向王庙遗迹尚存。

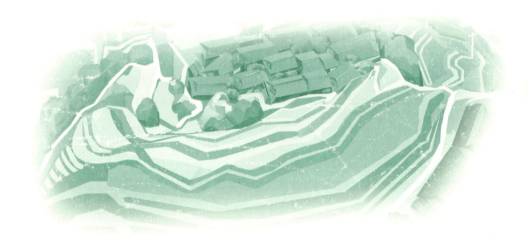

石桥坪村
——将军故里英气在

一、村落概况

石桥坪村系古镇野三关辖区内的一个自然村落,位于野三关镇南部,距野三关集镇约6千米,巴鹤公路S245自北向南横穿而过。全村面积9.8平方千米,平均海拔1100米,东南面的陈燕山与水布垭镇龙潭坪村的大湾毗邻相望。东接金象坪十二垭,南邻水布垭镇龙潭坪村,西连清太坪镇十里长垧,北靠青龙桥社区岩湾。村内有高山喀斯特地貌岩溶小湖泊绍山湖、邓玉麟将军故居、天生

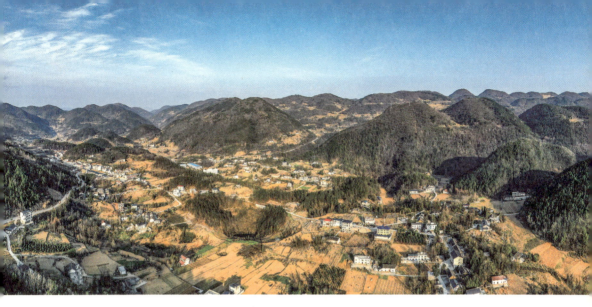

村落概貌

石桥、将军山、六郎庙、地下宫寨等风景名胜以及铁坚油杉古木、五样树等珍稀植物，是湖北省旅游名村，国家 3A 级旅游景区。

石桥坪村，因该村龙桥沟的一座天生大石桥而得名，因辛亥革命首义元勋

石桥坪村村门

邓玉麟将军而闻名于世。

石桥坪村为土家族聚集区，主要有邓、谭、郑、黄、李、陈、王、向等土家族传统姓氏，现有18个村民小组。据2019年12月统计，全村有1095户，常住人口3026人，土家族人口占90%。

二、村落民俗

（一）生产习俗

1. 转工

转工是一种古老的以工换工、邻里互帮互助的农耕方式，现仅存于清江流域的部分地区。春争一日，夏争一时。清江流域大多山高人稀，农田较多，单凭一家一户之力，难以完成春种秋收任务，于是便出现了邻里乡亲或亲朋好友之间以工换工，相互不支付工钱，完成春种秋收的现象。比如，张三给李四家转工三天播种玉米，李四可以还工三天给张三家薅草，茶饭酒水由转工主人家安排，工具一般自带。转工在人力农耕时代，保证了农耕的顺利完成。

2. 犁冬天

"犁冬天"又被称为犁冬田，即每年农历冬月和腊月，将旱田耕犁一遍，借助冬季低温的自然条件，清除杂草根系和虫害等，便于来年耕种。

3. 砍渣子、烧火粪

砍渣子、烧火粪是刀耕火种时代遗留下来的一种农家积肥方式。砍渣子，即春耕之前，将田边遮挡农作物阳光的树木杂草砍掉，掀入田边晒干之后放火焚烧成草木灰，草木灰含有农作物生长所需的磷、钾等微量元素，是最原始、最天然的肥料，可疏松土壤，提高土壤肥力。烧火粪，即砍割山上的杂草灌木，边砍边堆放成堆，然后用荆条缠紧打结，称为"渣子"，待晾晒干后背入田中，码成一堆堆规则的柴垛，在上面盖上一层厚厚的田土，然后点火熏烧，烟烬火熄，种植作物时将熏烧过的田土倒入窝中掩埋种子。

（二）生活习俗

1.吃

当地俗语说道"吃不过面饭懒豆腐，穿不过草鞋家绩布"。

面饭懒豆腐，为土家族方言。面饭，即用玉米磨成粉，蒸熟即可食用。懒豆腐，又叫合渣，以大豆和水而磨，不滤渣，煮熟后，加入切碎的青菜、萝卜菜或土白菜即可。

玉米、洋芋（土豆）、红苕（红薯）、大米是当地人的主食，当地人尤喜懒豆腐、夹米饭（玉米粉与大米按一定的比例制作）、洋芋、红苕、玉米、腊肉、豆豉、鲊广椒等。凉拌鱼腥草、泡菜也是当地人常备的小菜。

2.住

自家建房，多以土木结构、石木结构的土坯房、石砌房为主，或盖土瓦，或盖石板，或盖树皮、茅草等。现在多为钢筋水泥框架结构的房屋。

3.穿

身穿长襟或短襟布衫，头缠黑色、青色或白色长头巾，脚穿布鞋，是过去土家族人最标准的装扮。

4.喝

喝罐罐茶、冷口酒，是当地一大特色，极为常见。

罐罐茶，即以陶罐盛水架于明火上烘烤，放入自家生产的茶叶，慢火焙香，沸水冲泡而饮，香气四溢，又颇有情趣。

冷口酒，当地人好客好酒，随时把当地产的苞谷酒当茶饮。嗜冷口酒者，男女皆有，过去比较常见。

（三）礼仪

1.礼貌用语

见人称呼一声"您家"或"您家们"，以示尊重；平辈之间可称"你"或"你们"。也有一律称呼"您家"或"您家们"的，无关乎长幼、辈分、身份和地位。

2. 好客

当地人豪爽好客,来者是客,熟悉的、陌生的都一视同仁,请到家里坐,以热茶待之,并有奉烟的习惯,更有请客人吃饭和留宿的情况。

3. 报喜

小孩出生后,男方必须上门向岳父家报喜讯,并亲自上门燃放鞭炮,以图吉利喜庆。

4. 祝米酒

祝米酒即小孩满月酒,相传古时以"竹米"相送,以示吉祥。祝米酒当日,当地人摆上两张方桌,置板凳于四周,桌面罩上红绸红布,并摆上果子、茶点等,请亲族好友陪嘎嘎(外婆)客或奶奶客,称为"打镶桌"。期间,客人们或对歌或讲礼兴相陪。

5. 吃茶食

吃茶食由来已久,并流传至今。即婚嫁时,男方要给女方的长辈、平辈置办一份礼物,礼物必须有茶、酒、糖,给长辈的礼物必须有猪蹄,称之为"老人茶",平辈之间则没有猪蹄,可配置其他小礼物,视家境而定。

(四)岁时节令

1. 拜年与月半

"年是拜,月是接"。正月新年之际,走亲访友,互相串门拜年;而"月半"则不同,过月半(农历七月十二至十五)父母则需要去接姑娘、女婿或者至亲晚辈回家团聚。

2. 赶毛狗

正月十五,当地有砍竹子搭毛狗棚的习惯。人们将用竹子搭建的毛狗棚点火焚烧,竹子燃烧时发出噼里啪啦的爆响之声,众人高呼"赶毛狗",以图吉利。

3.惊蛰砍果树

农历二十四节气中的惊蛰,很多人会选择在这一天砍破果树树皮,边砍边自问自答:"开不开花?""开!""结不结果?""结!"

4.乱岁除阴沟

腊月的后半个月称为"乱岁",传说在这段时间土地公公、山神会去天庭汇报工作,人间诸事皆宜。期间,很多人家会选择清除阴沟里的碎石泥土,还有在这段时间重建土灶的习俗。

三、遗迹遗存

(一)将军故居

邓玉麟将军故居,是国家3A级旅游景区,属于"石桥八景"之首。故居位

鸟瞰邓玉麟将军故居

于石桥坪村三组，是省级文物保护单位，也是巴东县爱国主义教育基地。故居占地面积约 600 平方米，主要包含三部分，分别为将军故居院落、玉麟将军戎装塑像和将军墓园。

邓玉麟将军故居

将军故居院落由正厅三间，门厅门楼一座，院落围墙、院子、厢房、后房及走道组成，其中院落围墙分为两部分，一部分为石基土墙，一部分为石墙。

院落正厅三间两层，占地面积约 180 平方米，为邓玉麟所建。其建筑风格将民国时期上海建筑风格与土家族古代抬梁式木构架风格相结合。正厅为土木、青砖结构，外墙三面青砖（呈反搨其口形状），屋后一面石墙，室内以实木条间隔，以三合泥构建隔断成间。二层属于典型的古代抬梁式木结构，盖土瓦。地板为实木公母榫地板，正厅大门为花栎木，四开木门，宽 2.8 米，高 3.2 米（含望窗窗格0.7米），呈浅褐色。正厅大堂之后，设有司檐转堂，木板转台楼梯设在左间墙角处。

门厅门楼一座，占地约18平方米，为邓家先祖邓链春所建，后被邓玉麟购买，已有300多年历史。主体由石墙、石柱、梁柱抬梁构架而成。

院落围墙

客房四间，占地面积约220平方米，为邓玉麟所建，后为他人所有。

将军亲植桂花树两棵，其中一棵在门楼院落内，树围1.62米，高约9米，树冠周长12米；另一棵在内院，树围1.26米，高约8米，树冠周长7米。

将军陵墓采用大理石墓座，金字塔型墓碑，墓碑上刻有邓公玉麟将军墓志铭。

邓玉麟亲植在院落内的桂花树

玉麟将军戎装塑像

将军墓园

（二）邓家大院

邓家大院为晚清邓世坤所建，坐东朝西，曾为四个小天井组成的天井院落，门楼前有两棵桂花树，芳香四溢，故此处又称作香树坪。邓家大院曾遭烧毁，于民国时期复建。大院分为正厅和南北厢房，正厅梁柱为椿木，符合"四水归池"①的四合院建筑理念。院内广植兰花、海棠、映山红、刺槐、八仙花、百合、蔷薇等花卉，紫金藤、八月瓜等藤蔓植物间植交错，还有樱桃、枇杷等果木，生机盎然，兼有古色古香气韵。

（三）古碑

1. 邓天池碑

邓天池，生卒年不详。邓天池碑立于元文宗天历二年（1329年）十月，距

---

① "四水归池"是一种古建筑风格，是指住宅四面屋檐相连，落雨下雪时行人可从檐下通往建筑各处。

邓家大院

今已有692年历史，墓碑碑文多处已模糊不清。

2. 邓林楹碑

邓林楹，生于康熙八年（1669年），卒于乾隆六年（1741年），享年72岁。邓林楹碑原位于石桥坪村三组谭文平屋后，现已被掩埋，碑文已不可见，距今已有200多年历史。

四、民间歌舞

（一）五句子山歌

五句子山歌是流传在清江流域的一种歌谣，一般为五言或七言，石桥坪村村民犹喜这一歌体。如：

高山顶上一树茶，年年摘来年年发。

头道摘得斤四两，二道摘得八两八。

斤四两来八两八，把个幺姑娘作陪嫁。

（二）"撒叶儿嗬"

石桥坪村，每逢有人去世，历来有跳"撒叶儿嗬"吊唁逝者的习俗，也叫作"跳丧"或者"打丧鼓"。

"撒叶儿嗬"表演现场

《华阳国志·巴志》记载：

巴师勇锐，歌舞以凌殷人，（殷人）前陡倒戈，故世称之，武王伐纣，前歌后舞也。

郦道元《水经注》载：

巴蛮五姓，未有君长，俱事鬼神。

唐代樊绰《蛮书》记载：

> 巴氏祭其祖，击鼓而祭，其父母初丧，击鼓以道哀，其歌必号，其众必跳。

清《长乐县志》记载：

> 家有亲丧，乡邻来吊，至夜不去，曰伴亡；于柩旁击鼓，曰丧鼓；互唱俚歌哀词，曰丧鼓歌。

土家族人看淡生死，其豁达的生死观，具体体现在吊唁逝者的"撒叶儿嗬"舞蹈上。一家有丧，邻里乡亲闻讯而来，聚集在孝家堂屋里的逝者灵柩前，一人掌鼓，二人、四人或八人踏鼓点而歌，踏鼓点起舞，也叫"跳丧"，往往通宵达旦，持续一日或数日。当地有"人死众家丧，大伙儿都到场，一打丧鼓二帮忙"的说法。

五、家族人物

（一）巴邑八祠

相传，康乾盛世年间，邓礼金等十公召集族人回到巴邑之地，开田植谷，繁衍生息，奔赴石桥六郎庙，北叩祭祖，于陈燕山焚化香纸。返回时，夜宿宗庙，邓礼金梦见先祖邓钦甫对他说："自尔辈今日北叩祭祖后，吾之子孙，必居八地，需立八祠，但非一时可就，望逐年操之可也……吾有八言诲语：依托马跑水（马眠塘），展望黄粱井（耳乡湾），稳居河坪沟（邓家坡），进拓马鬃岭（桥头坪），繁昌石桥坪，同拥两界坡，扩充古子溪，并发东向门。"后世邓氏子孙族人称之为"陈燕山叩祭恸十公，邓钦甫托梦建八祠"，这便是巴邑八祠的由来。

（二）邓氏家族

石桥坪邓氏家族，是巴邑八祠之一的石桥坪祠系，由 800 年前南阳禹公后裔南迁而来。到了近代，有邓玉麟将军、邓锡松等人名扬天下，其总祠堂在原中山小学处，现已损毁。1916年，邓氏八祠举行第二次祭祀，邓玉麟倡议巴东江南邓氏八祠联宗合派，特请中华民国总统黎元洪亲书"邓氏宗祠"四字在八块金匾上，并亲自由武昌护送祠匾，分送八祠，并主持祭祖，一时风光无限。

（三）巴东之子邓玉麟

邓玉麟（1881—1951），谱名世泰，号炳三，土家族，光绪七年（1881年）生于石桥坪村，天资聪颖，孔武刚烈，少失怙恃，且耕且读，十六岁至宜昌从军，睹列强横行，民生凋敝，始萌反清之志。

后至武昌受民主共和思想影响，积极参与辛亥革命多项筹备活动，协创湖北共进会，任调查部长，远涉扬州，暗结新军，复受命回武昌开办同心酒楼，义聚志士，力促文学社、共进会合谋共举，殚精竭虑。

首义之日勇担大任，冒死传令，亲赴南湖率发第一炮，克摧武昌，共和肇兴。

首义成功后在军政府谋略处任要职，初阳夏，血洒磨山，坚守武昌，气震江汉。故曰："无公则无首义，有史必有将军也。"

民国二年（1913年）任总统府咨议、南方驻北京将军团代表，领陆军中将衔，荣获二级纹虎章、二级嘉禾章。

民国初年帝制复辟，先生助黎反袁，府院之争拥黎倒段，护国之后至广州大元帅府，襄助北伐，筹建黄埔军校，奔走京津沪粤桂。北伐期间曾任左翼一路军司令，威扫荆沙宜昌，锋掠五峰长阳。

民国十六年（1927年）离开军界，居沪开办亚洲养蜂厂，民国二十七年（1938年）后回鄂，创办民生煤矿公司。抗战期间，出任重庆战地军事委员会顾问。民国二十八年至民国三十四年（1939—1945年）间，回家乡兴学倡农，德披桑梓，关心宗族文化，被选为鄂西邓氏巴邑八祠总族长。

1951年春去世,遗骸由亲友从巴东县城抬回故土安葬。

六、自然景观

(一)天生石桥

天生石桥位于野三关镇南部石桥坪村三组,为喀斯特岩溶地貌深切而后自然形成。桥面长40余米,宽约8米,最窄处宽约5米,高约41米。桥下为岩溶小嶂谷,一条小溪静静流淌,后注入溶洞,消失于地表。溪边灌木葱茏,夹溪小湿地菖蒲丛生,野花遍地,生机盎然,鸟鸣幽涧与天生石桥、古木油杉,相映成趣。

天生石桥桥拱

走近

天生石桥与山岚对峙

（二）铁坚油杉

天生石桥桥身山体之上，有三棵铁坚油杉古木，最大的一棵树龄600多年，树高20余米，直径1.2米以上，三人才可合抱而围，树冠近50米。第三棵油杉古木裸露的根系，蜿蜒盘绕在龙桥沟石径小路里，至今可见一道20多厘米的疤痕，呈深黑色，不可愈合。

现存的三棵油杉古木，枝繁叶茂，树干遒劲，自有一种沧桑厚重的气韵。据传，这几棵油杉古木，若枝繁叶茂，则预示国泰民安，五谷丰登，地运昌隆；若出现枯枝败叶，则预示将有动乱。

铁坚油杉

（三）五样树

五样树位于石桥坪村三组，主树为香椿，与黄荆、木瓜子、牛奶子、樱桃四种树木共生一体。树高11.5米左右，树围3.23米左右，直径1.07米左右，树冠高达10米。据当地长者介绍，许多年以前，五样树的主树树干被雷击断，便有鸟雀在断处筑巢，衔来的树枝朽烂为泥，衔来的种子萌芽生根，天长日久便长出了四种寄生的树木。每逢春天，五种树木次第开花，争奇斗艳，真是大自然赐予的奇景。

（四）邓氏族花

据考，清光绪二年（1876年）农历二月，巴东知县宗继曾巡视巴东江南各地，一日路过梦花垭，忽闻异香扑鼻，寻香只见一丛丛金黄色的小花怒放，香盈四野，找人询问，得知此花名为梦花，乃是邓书公为使郑、邓二姓和好，赠郑姓此花以解怨结好，被传为千古佳话。当地邓氏后人世代栽培梦花，保护梦花，一是为缅怀邓书公之高德，二是为美化环境。民国八年（1919年），邓习宣题诗一首，特请向儒清刊刻石碑一块。诗云：

青燕岩头舞，黄雀岭上鸣。

梦花托重意，仙鹤寄深情。

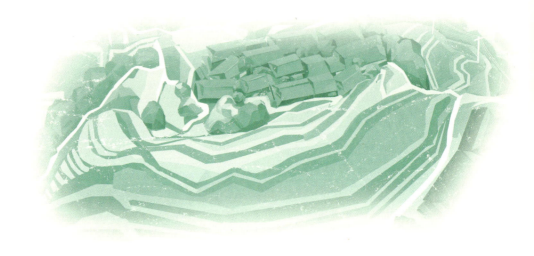

郑家园村
——"绝壁天河"润民心

一、村落概况

郑家园村位于清太坪镇东南部,地势东高西低,南北狭长,与三里城相邻,"绝壁天河"穿村而过,村内的磨刀河大峡谷大气磅礴,集峻、奇、秀、险于一身,清江河绕行村庄2千米。全村面积12平方千米,平均海拔约750米。

村落概貌

被评为全国最美十大古树之一的"清太五号"千年古银杏是郑家园村的生态标志。该村又是谭氏宗族的发祥地，佘氏婆婆墓是八坪谭姓的宗族文化标志。"绝壁天河"养深山，一朝邂逅惊天人。长达25千米的"绝壁天河"，是巴东儿女镌刻在郑家园村悬崖上的精神图腾，这鄂西深山中的"红旗渠"是巴东人民砥砺前行的精神标志。

郑家园村人杰地灵、风景宜人，清代乾隆、嘉庆、道光时期便较为富庶，从该村现存的大量墓碑可见一斑。

郑家园村的历史可追溯到元末明初时期。自八坪谭姓始祖佘氏婆婆在此繁衍至今，已有约650年的历史。元末明初至民国时期，郑家园村叫白果树坪或落婆坪。1949年后改为清太坪区和平大队，1986年撤区并社后叫桥河大队，在2001年乡镇合并后，沿用郑家园村村名至今。

2014年，郑家园村由原郑家园村（清江库区移民村）、桥河村合并而成，属清江水布垭水利枢纽工程库区生态保护区。现在的郑家园村基本上是原桥河村，桥河村因光绪十二年（1886年）当地武秀才谭大宣在磨刀河上修建的一座人行风雨桥而得名。如今的桥河大桥是1991年复建的，为水泥结构的人车两用桥。

郑家园村现辖8个村民小组。截至2020年12月，全村共有288户978人，属于土家族聚居区，主要有谭、邓、李、黄、张、廖、闫等姓氏，尤以谭姓居多。

村民以土家族为主，土家族占 80%，汉族占 20%。

二、村落民俗

（一）嫁（嫁姑娘）

嫁，即嫁姑娘，男方相中某家姑娘，须先请媒人。媒人要有较好的口才和良好的品德。有女之家，从媒人登门说媒提亲，到嫁姑娘出门，有一整套程序，即媒人登门—访人家—会族—看人家（订婚）—嫁姑娘出门。

双方有意联姻，婚期由女方初定，出嫁的时间由双方共同商议决定。婚期确定后，女方第一件事就是为姑娘置办箱子、柜子、铺盖、锅碗瓢盆等陪嫁物品。陪嫁物品中，柜子、箱子寓意分别为生儿子和生女儿。第二件事是请客。须先请嘎（外婆）、姑、舅、姨及高亲客。高亲客要两位，母亲方一位，父亲方一位，分别代表亲、族，再请支客师一位。

前期的准备工作，主要是就地取材制作土特产品招待宾客，包括炒蔍（pāo，方言音）儿、做米酒、熬糖粘蔍儿坨、打豆腐、炸果子、粘宣谷糖（俗称"蜂糖粑粑"）等。

正宴之日，男方娶亲队伍一到，男方主管事就与女方支客师接头，商议穿厨利食（给梳妆打扮新娘的人和厨子的红包）和开荷事宜。支客师请女方的嘎（外婆）、姑、舅、姨等，凡是女方分派有茶食的人，都在堂屋就座，等待开荷，领吃茶食。

开荷，先开新娘的衣服荷箱，再开盛装茶食的主荷箱。开荷完毕，男方主管事先把台荷里盛装新娘的衣物拿出来，然后由两个陪送新娘的女子，用筛子端进新娘的房屋，为新娘梳妆打扮。

与此同时，亲开满门，即按照女方的吩咐，男方给女方主要的亲族，按辈分、等级分派茶食。

茶食分派完毕，男方来娶亲的人开始收拾嫁奁，准备发亲。此时，新娘和陪送的两位高亲走出闺房，来到堂前，对着香火鞠躬，表示告别家神，到婆家。随后，新娘走出家门。

（二）娶（接媳妇）

娶，俗称接媳妇，其程序为请媒人—访人家—团族（会族）—订婚—结婚。

请媒人，也叫请介绍人。男方看中女方之后，由男方出面请一位媒人，到女方家说明男方的来意。这个过程通常称之为"提亲"或者"探口气"。女方如果有意，就称为"放话"或者"有口气"。也有女方看中男方的情况，女方请媒人，叫作"倒媒人"，这种事情现在已经不多，过去比较常见。

访人家。男方请媒人探过口气后，若女方有意联姻，就由女方母亲或者姑母、姨母等至亲长辈带着女孩，到男方家看地方，了解男方的家业、长相、为人处世等方面的信息。其中，访人家有明访和暗访之分，暗访就是女方一行人，装作过路人，悄悄走访察看；明访就是女方至亲长辈带着女孩到男方家做家访，若女方看中了男方，则会留宿男方家一夜，第二天回去的时候，男方会给女方赠送适当的礼物，一般为衣物或者钱财，俗称"打发"。

团族，也称会族。女方访人家后，若有意联姻，女方会召集家族中德高望重者一起商议联姻事宜。若家族一致同意，则告知媒人回复男方，选择一个吉利的日子，到女方家拜访女方亲族。其间，媒人及男方父母，会给女方亲族做全面介绍，女方亲族代表会向男方提问，若男方百问百答，让女方亲族满意，联姻就基本上成功了，谓之"开亲"。

订婚，也叫"看人家"。团族后，就由男方择定吉日"看人家"。订婚日期确定后，由媒人到女方家协商，待男女双方达成一致后，就由女方父母安排男方送茶食给女方亲族。茶食分为三等：老人茶、中茶、平茶。茶食即礼品，老人茶给女方亲族中的长辈，有祖父母（姑祖父母）、外祖父母（姨祖父母）甚至辈分更高的至亲长辈，中茶给亲族中的姑、舅、姨，平茶给亲族中的兄弟姐妹、堂兄弟姐妹、表兄弟姐妹。茶食的多少，视家境而定，但茶、酒、糖必不可少，还要有猪蹄。女方亲族在吃茶食时，女方会将自己的亲族长辈一一介绍给男方，男方会跟着女方称呼对方的亲族长辈，俗称"改口"。

结婚，男方叫接媳妇。有以下程序：请客—找支客师及忙工—起媒—过礼—娶亲—拜堂成亲—回门。

（三）出生庆典

婚后生育小孩后，满月时需置办酒席，称为"祝米酒"。凡是吃过茶食的人，都必须到场，也叫"过嘎嘎客"。在当地，外婆叫作嘎嘎，外公叫作胡子嘎嘎，爷爷叫作爹爹（diā，方言音），奶奶叫作婆婆。

嘎嘎客在接到报喜之后，会置办一些礼物，比如花背篓、摇床、小铺盖、毯子、衣物、烘篓及补品等。

正期这天，男方家打起镶桌，置办酒席，双方都会请会讲"礼兴"的男女，彼此较量，活跃气氛。

（四）葬礼

本村人去世，基本上都遵循以下程序办理丧事，即烧"落气纸"—燃放鞭炮告知邻里乡亲家有丧事—置放棺材—确定出殡日期时刻—死者穿戴—上塌—入材—合棺盖—点腰灯—写灵位、扎岁竹—闹夜守孝—开棺诀别—出殡—造坟—回煞。

人死之后，三五分钟内，后辈子孙要跪在逝者床前烧三刀火纸（须用钱凿打过），俗称烧"落气纸"。随后，孝家迅速在外面放一挂鞭，告知邻里乡亲，家中有人去世。在当地，有"人死众家丧"之说，是指孝家不需要登门去请，自有人赶来，帮助孝家张罗丧事。"红事请，白事戳"的习俗流行于巴东江南地区。帮忙治丧的人，陆陆续续而来，他们收拾好堂屋，将棺材抬出，放置在堂屋正中，棺材的小头朝大门，搁置在方桌上，棺材的大头搁置在紧靠香火的下方中央，通常用两条木板凳重叠支撑。用一个簸箕倒扣在香火之上，传说逝者灵魂仍在香火前，倒扣簸箕是为了保护家神。

  第二件事情就是请先生确定死者埋葬的时间。一切准备就绪后，再为逝者穿戴寿衣。寿衣为老式长衫，有藏青色、蓝色、黑色，红色、白色等几种颜色，其中白色和红色寿衣各一件，其他颜色的寿衣若干件，寿衣数量视家境而定。头巾为黑色，手套为白色，鞋子为手工布鞋，腰带一根，可为青、黑两色。在堂屋的右边放置两条板凳，板凳上置一块木板，把逝者抬出来放置在上面，俗称"上塌"。在这个过程中，还必须放置"岁线""绊脚索"两样必不可少的东西。"岁线"为青线，逝者多少岁，就有多少根，然后挂在逝者腰带上。"绊脚索"为一根66厘米左右的绳索，将逝者的双脚捆在一起。上述流程完成后，再合力将逝者放入棺材，以火纸或者逝者生前的衣服（注：衣服须剪掉所有带金属的扣子和拉链）垫塞死者的遗体，使其固定在棺材内不移动。最后，用三张火纸盖在逝者脸部，合上棺盖。这个过程叫"入材"。合上棺盖时，在棺盖四角各垫上三张火纸，留少许缝隙通风，以防逝者假死。

  逝者出殡的头一天称为"大夜"，极为隆重。此时左邻右舍会自发地跳丧闹夜，也可请专业的"撒叶儿嗬"队伍闹夜，常常通宵达旦。

  天亮时分，要组织人手撤除灵堂，准备开棺，让亲朋好友与逝者见最后一面。开棺时，要揭开盖脸纸，解下岁线（岁线由孝家随身携带），解开绊脚索。棺材抬出门时，孝家要迅速将灵堂打扫干净，所有垃圾随同出殡队伍，带往墓地焚烧，以示吉利。

三、遗迹遗存

（一）佘氏婆婆墓

  佘氏婆婆墓位于郑家园村八组，小地名叫落婆坪或白果树坪，始建于清道光三年（1823年），由八坪谭谭氏族长谭承举主持建造。原墓碑在二十世纪六十

佘氏婆婆墓

佘氏婆婆墓碑

年代被损毁,1995年由谭祖魁先生捐资重新按原迹建修,墓长6米,占地24平方米,墓碑高3米,现为州级重点文物保护单位。主题墓碑阁头上刻有八仙过海图,墓门厢左右分别刻有鱼上树、马骑人传说故事,厢门刻有对联"德馨遗后缅情深人间,地灵延脉连绵满天下"。

墓园内有八坪之源石刻一座、感恩碑一座、八子八坪宝塔碑一座、太祖谭常凤纪念碑一座、明故太祖妣谭母佘老太夫人神道碑一座、八坪谭氏重修祖坟茔志碑一座等。

(二)八子八坪宝塔碑

三层结构的宝塔碑四角飞檐翘起,中间镶嵌的八面体石柱,按顺序刻有八坪谭始祖谭天飞"所生八子,坐落八坪"的具体情况。

长子:谭桂寅,坐落首蓓坪。
次子:谭桂传,坐落大田坪。
三子:谭桂芳,坐落水流坪。
四子:谭桂旺,坐落双社坪。
五子:谭桂枝,坐落家社坪。
六子:谭桂甫,坐落山羊坪。
七子:谭桂林,坐落磨石坪。
八子:谭桂海,坐落落婆坪。

八子八坪宝塔碑

(三)廖家天井

廖家天井位于郑家园村八组,已有150年历史,为廖献登所建。天井坐东朝西,有卯榫结构木板壁正房三间(一层镶嵌石板板壁),南北厢房各两间,院坝铺设石板，长约10.8米，宽约7.8米。其中，北面厢房为吊脚楼，吊脚楼下为石墙，平院子一楼为石基土墙，二楼为木板壁架子屋。

（四）绝壁天河

"绝壁天河"是一条人工开凿的引水渠，它北起巴东水布垭镇高山岩溶湖泊水流坪，南至长阳县渔峡口镇龙池村，自北向南横穿两县三镇（即巴东县水布垭镇、清太坪镇、长阳县渔峡口镇），全长28千米。1966年，当地政府组织勘测后，工程于1967年11月动工，至1978年全线贯通，历时11年。据统计，这条水渠共投入劳工107.7万人，开挖土石方102万立方米，在没有机械设备的情况下，全靠人力开凿而成，堪称奇迹，足以媲美林州的红旗渠，故被称为"巴东红旗渠"。

"绝壁天河"一角

水渠宽约 2 米,深 1.33 米,设计流量为每秒一个立方米,最难开凿的部分长达 7600 米,全部是在接近 90°的悬崖绝壁上用人工开凿的。那时技术落后,物资材料极度匮乏,建设者们全凭人力以钢钎、铁锤等极其简陋的工具开挖岩石。连开山放炮的炸药也是自己制作的,民工用硝洞崖的硝土熬制硝石后,再配制成炸药。水渠勾缝用的石灰,用大隘口山体的石灰石在磨刀河峡谷谷底烧制。之后,用人力将石灰和沙子从磨刀河背运上绝壁。

灌渠全线隧道共 6 座,分别是核桃隧洞、火盘岩小隧道、硝洞岩隧道、罗汉岩隧洞、三里城隧道、香火岩隧道。隧道总长 828 米,全部按照高 3 米、宽 2.5 米的标准开挖。全线还有 5 座地下石拱,分别是东坡拱、滩坝拱、叶家屋场拱、木马树湾拱、刀尖岩拱。

在"绝壁天河"的修建过程中有 14 名民工献出了宝贵生命。他们分别是邓中学、邓明施、邓贵华、邓习练、邓中文、邓中亮、邓中军、许明德、黄文德、许光俊、杨友贵、黄家寿、邓中军、谭元坤。其中,年龄最大的是 42 岁的邓习练,年龄最小的是 21 岁的邓中军。

"绝壁天河"现存的历史文物有香火岩隧道改建工程竣工纪念碑、硝洞崖隧道碑刻、毛主席语录碑刻"人民,只有人民,才是创造世界历史的动力""踏云顶天修渠道,悬岩绝壁炼红心"纪念碑以及石刻"人造平原""人定胜天""龙江精神送银水,敢教山河换新装"等。遗址现尚存硝洞崖熬硝遗址、炸药库遗址等。

硝洞崖熬硝遗址在绝壁天河的上方 150 米左右,是一个天然的溶洞,由于村民曾在这里熬硝制作炸药,因此被称作硝洞。洞长 30 多米,宽 20 多米,高 20 多米,可容纳近 300 人。洞内还有保存完整的用土坯垒起来的建筑物,以及被熏黑的灶台。土坯筑起的洞口墙壁上,用白色石灰刷写的"为革命修水渠,一不怕苦,二不怕死"标语依稀可见。

如今,这条在悬崖绝壁上开凿出来的"天河",已成为巴东人改造世界的精神史诗和进行革命传统教育的生动教材。

硝洞崖熬硝遗址

（五）千年古银杏

"清太5号"古银杏位于郑家园村八组，树龄超过3000年，树干需10人合

"清太5号"古银杏

围,树高 40 余米,平均冠幅 17.8 米。2016 年,在第四届中国(邳州)银杏节上,"清太 5 号"被中国林学会授予"中国十大最美古银杏"称号,是当年湖北省唯一一棵获评的古树。

四、民间传说

(一)神路崖(响洞)与锦鸡水

相传元末明初,天下大乱,四处爆发农民起义。八坪谭氏先祖谭常凤带夫人佘氏来楚地避难,遇陈友谅部众及匪寇追杀,谭常凤被乱箭射死,佘氏婆婆当时身怀六甲,她以超常的毅力,逃到巴邑响洞。洞口绝壁万仞,洞下有磨刀河挡道,陷入绝境的她仰天大哭。忽有巨鹰盘旋飞来,佘氏说:"畜生,你若不是来吃我,就是来救我的。"而后,佘氏婆婆得巨鹰搭救,巨鹰将她驮到绝壁之下的古银杏树(今"清太五号"古银杏)旁。佘氏婆婆饥渴交加,

相传锦鸡找到水源的地方

忽有锦鸡飞来。佘氏婆婆又言:"锦鸡啊锦鸡,你若是来救我,便给我找点水喝。"锦鸡通灵,便在银杏树下用爪子刨出一股泉水,让佘氏解渴,锦鸡找到水源的地方后来被称为锦鸡水。银杏树旁佘氏婆婆居住的地方被称为落婆坪。

（二）鹰氏公公

佘氏婆婆当年受神鹰搭救，被驮下神路崖响洞，得救后在此繁衍生息。因感念神鹰恩德，她告知后世子孙，今后见了鹰不能打，还要尊称鹰为"鹰氏公公"。八坪谭后世子孙均以鹰为姓氏图腾。

（三）巴东八坪谭

巴东八坪谭是三国时期吴国谭绍之后。据《谭氏族谱·巴东续序》记载，八坪谭太祖谭常凤，字殷隆，号舜禹，生于元仁宗五年（1316年），为凤阳府知府。佘氏，元仁宗九年（1320年）生于南京凤阳府永州太和县西庄佘氏街。元顺帝失道，天下大乱，群雄四起，凤阳府被郭子兴举兵攻克。

八坪之源

谭常凤带着妻子（当时妻已身怀六甲）和家丁返回楚地故里避难。途经宜都八斗台，被陈友谅部众围攻，谭常凤遭乱箭射杀，后葬于宜都燕子岩。

谭常凤蒙难后，八坪谭始祖母佘氏婆婆以超常的毅力，逃到巴邑响洞（今巴东清太坪镇神路崖），等追兵退后，她在此地结庐而居，垦荒创业，故此地名为落婆坪。次年二月，佘氏婆婆喜得贵子，取名谭天飞，是为八坪谭始祖。

谭天飞自幼随母耕耘，娶巴人后裔戈、倪二女为妻，共生八子，分居八坪。

八坪谭太祖谭常凤纪念碑

五、民间歌谣

五句子山歌是本土保存比较完整的一种古韵遗风,后来逐渐演变为土家族的民歌山歌。五句子山歌多为七言,与唐代刘禹锡的《竹枝词》颇为相近,在当地广为流传。它融音乐、舞蹈于一体,歌咏当地风光、民俗和男女恋情。

《月亮弯弯》

月儿弯弯一盏灯,郎走夜路姐担心,又怕山中出老虎,又怕河滴出妖精,你到屋哒才放心。

月儿弯弯一把筛,我给姐儿学个乖,站哚莫把身子扭,坐哚莫把脚儿歪,免得别人看出来。

月儿弯弯亮汪汪,白布汉褂进不到房,郎在外头烧钱纸,姐在屋滴烧炷香,保护乌云遮月亮。

看姐儿好,真欢喜,时时刻刻在心底,白日只想同路走,黑哒只想俩挨身,死到阴间闭眼睛。

《木筏子船娃儿》

木筏子船娃儿荡江上,不怕风来不怕浪,你是风来把帆扯,你是浪来把舵扳,你想翻船很为难。

木筏子船娃儿当江划,崖上滴姐儿喊喝茶,船娃儿不往回头走,小郎不吃姐筛滴茶,蜂子不采半夜花。

木筏子船娃儿当江晃,半船芝麻半船油,芝麻打油伴菜籽,菜籽打油姐梳头,郎又欢喜姐又愁。

木筏子船娃儿尾朝东,桅杆高头挂灯笼,外面看见灯笼火,里面看见火灯笼,外面好看里头空。

木筏子船娃儿尾朝南,桅杆高头画棋盘,一盘棋子都摆起,郎出马来姐出车,盘盘输在姐手滴。

木筏子船娃儿尾朝西,船娃儿高头挂筲箕,筲箕捞米甑子蒸,甑娃儿蒸饭有点儿生,生饭吃哒肚娃儿疼。

木筏子船娃儿尾朝北,船娃儿高头打大麦,八把帘盖对起打,九把杨杈对哚翻,船娃儿高头显手段。

吃了中饭下河玩,一对花蛇把路盘,见蛇不打三分罪,见姐不捞是一笨,姐骂小郎你太蠢。

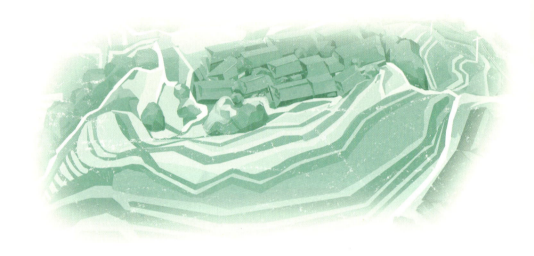

江家村

——红色记忆砺初心

一、村落概况

江家村位于金果坪乡西南部,三面环山,一面临水。地势东南高,西北低,境内最低海拔为401米,最高海拔为1000米,属低山区。气候温和,四季分明。

江家村东邻下村湾村,西至清江流域,与建始县隔江相望,南与鹤峰县接壤,

村落概貌

北靠金果坪乡，自古有"一脚踏三县"之说。

这里是湘鄂边革命根据地的摇篮，贺龙元帅曾率部五次驻扎于此；红军高级将领、"共和国第一号烈士"段德昌也长眠于此。这里的每一寸土地，都浸染着红色记忆。

辖区面积14.787平方千米，其中耕地面积3004亩。下辖17个村民小组，24个居民点，分别是江家村、尤家河、三尖角、江家包、邓家湾、李家包、张家坡、茶叶垴、鄢家台、学屋坪、鲜家岭、朱家坡、罗家包、下村湾、界岭、铺子坪、张家湾、杨坪、二房湾、三房湾、刘家坪、龚家湾、袁家坝、神州台。

江氏先祖最早从江西迁徙而来，沿长江而上，沿江边码头上行至当官咀定居，经过五六代人的繁衍生息，至第七代已有180多人在此安居乐业。第八代世祖江权这一支族人，于1708年迁入金果坪乡，长期定居下来。1798年，这里被命名为"江家村"，沿用至今。

第二次国内革命战争时期，江家村留下红三军军部旧址、红三军枪炮局旧址、红三军政治部保卫局旧址、贺龙旧居等众多革命遗址。新中国成立后修建的有红三军烈士陵园、段德昌烈士墓等革命烈士墓和纪念地。

至2021年3月，全村共有1314户4078人。其中，本村户籍人口1038户3068人，清江水布垭移民101户384人，外村到龙王坡安置点安置51户151人，到贺龙大道小高楼安置点安置110户416人，到滨江大道安置点安置14户59人。居民以江、李、张、尤等姓氏为主。

二、红色记忆

（一）贺龙旧居

贺龙旧居位于金果坪乡江家村二组，旧居由清代刘姓先祖修建，占地约354平方米，为州级重点文物保护单位，对研究红三军历史、湘鄂西革命根据地的革命斗争史，以及贺龙同志在湘鄂西根据地的革命活动具有重要价值。

贺龙旧居

贺龙旧居也是红三军军部旧址，是一栋古木穿架结构板壁屋，正屋坐南朝北，呈反"L"形，正屋明间三间，中间为堂屋，后室六间，共九间。北出的西厢房，明间两间，后室两间，有外阳楼，北面为吊脚楼。

1928年11月至1932年5月，贺龙率红军转战巴东，将革命的火种播撒到金果坪，与当地人民一道剿匪、打土豪、搞土地革命，建立苏维埃政权，使金果坪成为湘鄂边革命根据地的重要组成部分。贺龙当年就住在厢房，他睡过的木床至今仍在。

1933年2月至1933年6月，红三军军部设在此地，贺龙、关向应、夏曦等在这里领导革命，创立了湘鄂西革命根据地。

（二）红三军枪炮局旧址

红三军枪炮局旧址位于江家村四组，为州级重点文物保护单位。红三军曾在此设枪炮局，维修枪械。现仅存板壁厢房，其余房屋均为后期翻新修建。整个旧址占地面积705平方米。

红三军枪炮局旧址

（三）红三军政治部保卫局旧址

红三军政治部保卫局旧址位于江家村一组，占地面积约 300 平方米，为州级重点文物保护单位。原建筑坐东朝西，为四合院天井屋，现仅存一个偏房，为木穿架结构板壁房屋，共 9 间。门外板壁上写着"欢迎红军！实行土地革命！工农红军万岁！"等标语。

（四）边防司令部旧址

边防司令部旧址位于江家村十一组，现为村民彭先明的宅基地，新中国成立前为张姓祠堂。原祠堂为石木结构的四合石墙天井屋，坐南朝北。1930—1931 年，在巴兴归苏维埃政府领导下，设立边防司令部，后改建为巴建鹤三县联防司令部。

（五）金果坪区苏维埃政府遗址

金果坪区苏维埃政府遗址位于江家村湾村十三组。1930 年 3 月，金果坪区苏维埃政府在此成立，隶属鹤峰苏维埃政府，现仅存遗址和少量房屋基石。

（六）吴家岭战斗遗址

吴家岭战斗遗址位于江家村神州台、三尖角、袁家坝居民点。此役红三军先头部队俘敌 17 人，缴获机枪 2 挺、美式步枪 30 多支及弹药，击毙土匪头子吴兴政，红三军先头部队排长牺牲。

（七）红三军烈士墓群

1. 段德昌烈士墓

段德昌烈士墓是巴东革命史的重要历史遗存，具有很高的保护价值。段德昌烈士墓现为一座陵园式建筑，位于金果坪乡江家村一组，占地面积1200平方米，墓冢高2.2米，为水泥构造。墓碑高1.5米，正面阳刻"段德昌烈士之墓"，背面阳刻段德昌烈士生平。陵园大门左右围墙上分别镌刻有贺龙元帅的题词"革命烈士们的业绩永远鼓舞着我们前进"，以及廖汉生题词"段德昌烈士英名永存"。

段德昌烈士墓

1952年，毛主席亲自为段德昌签发中华人民共和国中央人民政府第一号烈士证书，段德昌被称为"共和国第一号烈士"。1994年，段德昌被中央军委列为共和国历史上的36位军事家之一。2009年9月14日，段德昌被评为"100位为新中国成立作出突出贡献的英雄模范人物"之一。

2. 红三军革命烈士陵园

红三军革命烈士陵园位于江家村三组，1987年由巴东县人民政府修建，占地面积2000平方米，由一座红三军烈士纪念塔、一座红三军烈士公墓、两座六角亭和四座英烈纪念碑以及仿古牌楼等组成，陵园四周遍植四季常青的松柏，寓意"烈士英名永存，浩然正气常青"。

红三军革命烈士陵园

红三军革命烈士陵园中央矗立的红三军烈士纪念塔高 11 米，塔下端镌刻着贺龙元帅的题词"革命烈士们的业绩永远鼓舞着我们前进"；塔左下方有全国人

"革命烈士们的业绩永远
鼓舞着我们前进"（贺龙题）

"段德昌烈士英名永存"
（全国人大原副委员长廖汉生题）

大原副委员长廖汉生同志的题词"段德昌烈士英名永存";塔右下方有巴东县委、县政府的题词"继承先烈遗志,保卫祖国河山";塔南侧从右至左分别为纪念段德昌、覃正军、覃正谷、肖明发和陈尊山五位烈士的纪念碑;塔东西两侧有石木结构的六角亭两座,分别为忠烈亭和将军亭。

3. 英烈事迹

(1) 段德昌。

段德昌(1904—1933),湖南省益阳市南县南洲镇人,中国无产阶级革命家、军事家。1925年加入中国共产党,后入黄埔军校学习。北伐战争中,曾任国民革命军第八军第二师政治部秘书长,其间,介绍湖南独立第五师第一团营长彭德怀入党。1927年率部参加南昌起义。大革命失败后,参加领导公安县暴动,曾任湖北省公安县委书记、鄂西特委委员、鄂西游击总队参谋长、独立师师长、红军第六军副军长兼第一纵队司令、红二军团第六军军长、中华苏维埃共和国中央执行委员会委员、红军第三军第九师师长,是湘鄂西革命根据地的创建人之一。

段德昌善于洞察战争全局,富有军事战略家的远见卓识。第四次反"围剿"失败后,他率领九师出生入死,转战3500多千米,担负阻击、断后等艰巨任务,确保部队转移。1932年12月到达湘鄂边苏区,深得军民拥戴。

1933年5月,段德昌被杀害于巴东县金果坪乡江家村。

1952年,毛泽东主席为段德昌签发中华人民共和国中央人民政府第一号烈士证。

(2) 覃正军、覃正谷。

覃正军(?—1932),覃正谷(?—1932),系堂兄弟,土家族,金果坪乡连天村人。

覃氏兄弟曾参加"神兵"组织,反抗地主恶霸的欺凌压迫。后参加中国工农红军。1929年6月,在攻克桑植县城的战斗中,战功卓著。同年9月,五峰县团防进犯邬阳关、大岩包、王家山等地。覃氏兄弟随团长陈宗普出击,歼敌3000余人,缴获土炮一门,受到嘉奖。同年10月,他们随红三军主力出邬阳关,转战在巴东、长阳、五峰三县边界,浴血奋战,屡立战功,兄弟二人分别被任命为红三军三十九团团长、副团长。

1930年3月,红三军主力东进后,团防伺机侵扰,覃氏兄弟率部英勇作战,两战皆捷。同年5月,覃氏兄弟奉命回家乡发动群众,建立连天乡苏维埃政权,并动员群众支援前线,成绩斐然。

1931年,覃正军、覃正谷被杀害。

(3)肖明发。

肖明发(1902—1931),字和清,金果坪乡土地坪村人。1930年加入中国共产党,先后任红军连长、副团长,巴东、建始、鹤峰边防司令部第二团团长。

肖明发原以自耕为生,后因借高利贷葬母而失掉全部田产,为求生计到团防当哨丁,不久入龙潭坪当锅匠。1929年9月,肖明发在江家村参加红军。1930年3月,团防骚扰百姓,肖明发两次率部攻打黄漂洞之守敌,均获大胜。同年下半年,肖奉命到建始官店组建农民协会,巩固苏维埃政权,在此期间,团防纠集恩施、建始、巴东千余人发起攻击。肖明发临危受命,仅率40多名战士与数倍于我方兵力的敌人周旋,采用穿插分割、灵活机动的战术,终突出重围。

1931年3月,地方赤卫队三次攻打花园包碉堡之守敌,未果。肖明发配合贺龙仅用半天时间就炸毁敌堡垒,毙敌40名。同年5月,肖明发随曾宪文组织1300余人,与2000人的团防会战于吴家沟,初战,小有伤亡,后肖明发发起攻击,团防溃败。同月,肖明发调集800余人,在金果坪与团防武装正面交战,摧毁炮台,大败敌军,逼敌溃退至旷野岩洞之中。此后,肖明发声威大震。巴东、建始、鹤峰边界群众纷纷要求参加红军。

1931年8月,肖明发在建始毛家冲与团防交战时负伤。在鹤峰治疗期间,建始官店团防重金收买肖明发的通信员,开枪将肖明发杀害。

(4)陈尊山。

陈尊山(1900—1931),派名泽爵,金果坪乡塘坊坪村人。他读私塾九载,虽为一介书生,但性格刚毅,疾恶如仇。

1928年,陈尊山因不堪忍受当地团总和伪县府的诬陷、凌辱,将县吏杀死,随即组织百余人举事,自称"农民大队长"。

1929年5月,陈尊山率部队在吴家湾击溃团防武装。七月,红四军前委组建第五路军,任命陈尊山为补充团团长。

1930年1月,陈尊山率部配合主力攻打恩施市红土溪,采用阻击、穿插战术,一举击毙团防头目,缴获枪支近百支。同年3月,红军主力东进后,各地团防趁机反扑,致使部分红色政权遭到破坏,陈尊山等率部与团防多次交战,均将其击败。在一次阻击战中,陈尊山只带领90人,就击溃团防1000余人。

1931年,陈尊山被杀害。

三、遗迹遗存

(一)村落老屋

1.张家老屋

张家老屋位于江家村十一组,原为三重天井院落,现仅存第一重天井门楼

张家老屋

及西北厢房三间，占地约140平方米，建于清代中期，为抬梁式构架建筑。门楼正门宽4.8米，高2.8米。院内尚存两口太平缸，其中一口缸上雕刻着太极图案及"年年有余"字样。

2. 覃家大院

覃家大院位于江家村十组，为一进两出、坐东朝西的两个天井院落。建于清代，为抬梁式构架，距今已有120年的历史。有五间板壁构架正房、南北厢房。

3. 刘家老屋

刘家老屋位于江家村一组，由刘氏先祖建于清末。因1928年至1933年，贺龙曾在此居住，后称为贺龙旧居。整座建筑呈反"L"形，正屋坐南朝北，西厢房北出。为木穿架结构板壁屋，上盖青灰布瓦。

刘家老屋

4. 尤家老屋

尤家老屋位于江家村七组尤家包，原为四合天井，现为三栋独立的木构架板壁屋，院子呈撮其口状，东北面为尤祖坤四间正屋，占地约500平方米。

（二）墓碑石刻

1. 江氏高祖彭氏墓

彭氏墓位于江家村六组张家坡，碑刻时间为光绪十六年（1890年）。彭氏生卒年不详，据其侄曾孙江开链、江开珍之墓刻记载，彭氏生活在乾隆年间，系江氏家族八世祖江权之妻。

2. 江大滨墓

江大滨墓位于江家村六组张家坡，碑刻时间为光绪十六年（1890年），系江氏家族九世祖。据其侄孙江开链、江开珍之墓刻记载，江大滨生活在乾隆年间。

3. 覃□德及夫人合葬墓

覃□德及夫人合葬墓位于江家村下村湾，覃□德生于康熙三十五年（1696

江大滨墓

覃□德及夫人合葬墓

年),卒于乾隆二十一年(1756年),享年60岁。碑刻时间为乾隆三十四年(1769年)。碑刻多处字迹模糊,其夫人姓氏、生卒年已不可辨认,覃某名字中间一字也不可辨认,"德"字依稀可见。

四、文化传承

(一)民间吹打乐

江家村吹打乐分为"唢呐调"(吹奏乐)和"锣鼓调"(打击乐),其中唢呐调的曲牌有"德山润调""龙青调""节节高""旱路""刮地风""过街调""观音扫店""凤凰展翅"等。

锣鼓调常见的曲调为"穿调子","穿调子"必须按程序打,打法口诀为:一飞(白鹤飞)、二扑(扑灯蛾)、三月(半边月)、四蝶(蝴蝶飞)、五绣(红绣鞋)、六环(坠耳环)、七扯(大扯钻)、八扯(小扯钻)、九牛(牛糙痒)、十红(状元红)。

(二)土家女红

土家女红,这里主要介绍土家布鞋。土家布鞋即千层底布鞋,是一种传统的土家女红。因其材料较为普遍,穿着的舒适性好,深受百姓的喜爱。做布鞋用到的主要材料有废旧的棉布、棕布、鞋面布(新棉布或者灯芯绒布)、棉线索、松紧带(伸缩性极强的弹力布)等。其工序为制棕布鞋样—纳鞋底—做鞋面—上鞋—成布鞋。

制棕布鞋样:用魔芋浆粉制作棕布,晾干后,用纸剪鞋样(鞋底鞋面)成型。

纳鞋底:依鞋样,在鞋底上下铺蒸煮过的棉布若干层(这就是千层底的由来),用棉线索纳鞋底,鞋底有各式花纹,或成排成行,或饰以不同的花样纹饰。

做鞋面:依纸鞋样用棉布做鞋面,其鞋口边缘以棉布滚条扎饰,辅以松紧带或者镂空金属扣装饰。

上鞋：将纳好的鞋底与鞋面做最后的缝合处理。

五、地名故事

（一）马鹿池

马鹿池位于江家村西南面，尤家包老屋后。传说，尤家媳妇每天挑水以供家用，非常辛苦，每每挑满水储存于水缸，第二天水缸里的水就不见了。她被尤家苛责，倍感委屈，于是在夜里暗中观察，发现有兽如马，头生鹿角，入夜来此饮水，将水喝光。尤家人证实后，就在屋后挖了一江池塘，以供马鹿饮水，于是就有了"马鹿池"的地名。如今池塘已被填埋，遗迹尚在。"马鹿池"地名现不常用，仅见于尤家包的碑刻之上。

（二）红水坑

红水坑位于江家村东北面，游步道八角亭附近，与张家老屋和红三军边防司令部旧址相望。之前，这里没有地名。第二次国内革命战争时期，因无数革命先烈的鲜血染红了这里的水，并埋骨于此，故称这里为"红水坑"，寓意不忘先烈血染热土，以告慰先烈在天之灵。

（三）界岭

界岭位于江家村东南面，东连十条岭，南连彭家岭，西连山林界，北靠茶田坝，界岭为原胜利大队与马家公社四大队的分界线，于1967年命名，沿用至今。

（四）茶叶塇

茶叶塇位于江家村东南面，东接四岔湾水库，西邻金大公路，南连文家大沟，北靠自然大沟。以盛产茶叶而得名,该地名自清代沿用至今。

(五)尤家河

尤家河位于江家村西南面,东接邓家坡,西邻清江水布垭库区,与建始邬阳易家岭隔江相望,南连金燕窝大沟,北靠黑沟。此地原有一条小河,发源于邬阳湾潭,流入清江桃符口。清乾隆年间,名为长滩河,因尤氏先祖两兄弟于1752年和1766年先后从荆州府枝江县(今枝江市)迁至长滩河中段而得名。

尤家河一角

(六)袁家坝

袁家坝位于江家村东北面,东接马家沟,南靠山林,西连胡家岭,北邻三岔沟,袁氏先祖于1691年迁居于此,后称为袁家坝,沿用至今。

（七）铺子坪

铺子坪位于江家村东南面，东接榨坊坡，南靠大湾水库，西邻易家岭，北连李家包。道光年间（1838 年前后），覃姓人家在此经营商铺，主营布匹等生活物资，铺子坪因此而得名。

（八）下村湾

下村湾位于江家村东北面，东靠庙湾，西连欧家岭，南邻老保管室，北接大岩陂，因乾隆年间夏氏家族在此居住而得名"夏村湾"。夏家族人迁居外地后，后来来此处居住的人，将"夏村湾"改为"下村湾"，沿用至今。

（九）二房湾与三房湾

二房湾与三房湾位于江家村东南面，东连十条岭，南接笔架岩，西邻覃家大坝，北靠彭家岭，因覃氏家族的次子、三子分家落业于此而得名。二房湾与三房湾距今已有约 340 年历史。

（十）神州台

神州台位于江家村西北面，东靠三岔沟，南连 245 省道，西、北交清江水布垭库区，杨氏先祖与李氏先祖于 1716 年前后迁居于此，两姓人家在此共建了一座庙（现仅存遗址残垣），命名为"神州台"。其中，李氏先祖是李天秀的祖父，据李天秀（1762 年生）的墓碑碑刻考证，李氏先祖祖籍江西吉安府吉水县，后迁湖南怀化沅陵县，又迁湖南常德石门县，最后迁至巴东县金果坪乡江家村。

六、尤氏家族

尤氏家族来自荆州府枝江县（今枝江市），自尤绍康一支于 1752 年和尤濂一支于1766年迁至巴东县长滩湖繁衍生息。

《尤氏族谱》于1830年定谱(石印)。1921年第一次修谱,族人在祠续定16字,有祠田总记祖训四条、续修序、凡例、丧服总图、本宗九族五服之图、妻为夫族图、妾为家长族服图、妻妾服图、三父八母服图、出嫁女为本宗降图、外亲服图、瓜藤图;2009年第二次修谱,有序言、尤氏起源、寻找宗亲、字辈、地图、后记等内容。

代表人物:尤先国(1921—2014),江家村尤家包人,抗美援朝战士,在上甘岭战役中荣立三等功。

走近

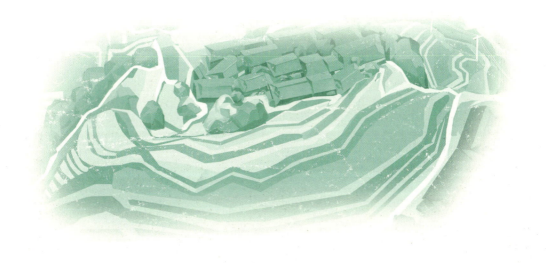

围龙坝村
——清江河畔第一坝

一、村落概况

水布垭镇围龙坝村地处清江北岸,是巴人发祥地的中心区域之一,有着悠久的历史文化,是八百里清江第一个以坝命名的村落。该村包括围龙坝、槐树坪、李家湾、沙岭、范家坪、刘家沱、白水溪(已淹)。它东靠世界第一面板堆石坝

村落概貌

水布垭大坝,西与巴人发祥地三里城接壤,南濒清江与南潭村隔河相望,北与双道冲村交界。距离水布垭镇约4千米,是清江沿岸少数民族特色浓郁的村寨,也是水布垭旅游区的核心区域之一。全村面积5.6平方千米,海拔落差大(66.8米—700米),东、南、西三面属于典型的喀斯特地貌,清江穿流而过,素有"小盆地"之称。

站在清江南岸远眺,境内纱帽山连绵起伏,恰似一条长龙,逶迤延绵直扑清江。山岭至观包,危崖横切,将山一分为二,山沿着危崖呈弧形向东西两面延伸,形成非常对称的两座小山,其状如龙角,两座如龙角的弧形小山与悬崖绝壁连在一起,形成一个大平台。平台之下,是大片平缓的坡地,远望如座椅,成为良田沃土。危崖中有一天然溶洞,平时无水,逢雨则有流瀑飞泻,称之为"龙洞"。

围龙坝在清乾隆年间之前叫"龙角坝",1750年后改为"围龙坝",新中国成立后至1977年为新春大队,1978年改回"围龙坝"。据传,坝后岩根有一大湾水田，需八斗稻谷秧苗才能将水田栽满。所以，靠近岩根的地方叫"八斗坪"。相传，乾隆年间的一个夏天，围龙坝起蛟[①]了，天空瞬间乌云密布，狂风大作，电闪雷鸣，暴雨倾城，天地昼夜不可分辨，忽然坝后发出天崩地裂的爆响声，暴雨引发了泥石流，危崖轰然坍塌，八斗坪全部被淹没，成了今天的乱石山。暴雨过后，人们看见龙洞里飘出一团白雾，托着一条长龙，径直飞走了。

为了保住"龙脉"，村民将龙角坝更名为围龙坝，意为"围住龙脉，不让它走"，并在坝后的危崖之巅，修了一座道观，守护"龙脉"。于是，围龙坝之名沿用至今。

茶叶和特色民居民宿是该村的两大支柱产业。围龙坝村现有茶园1500亩左右，是巴东有名的茶叶专业村。民居经改造后，更有民族特色。2011年，该村被湖北省民宗委评为湖北省民族团结进步示范村。

如今，围龙坝村茶园遍野，特色民居古朴典雅，正在成为一户一景、一院一景、院景相依的民族风情村寨。

全村现有10个村民小组。截至2020年1月，全村共有314户1023人，有黄、许、谭、邓等大姓。其中，土家族917人，约占全村总人口的90%。

二、村落民俗

（一）生产习俗

清江多野生鱼虾，捕鱼是当地重要的生产活动之一。以前耕地多用牛耕，现在牛耕和机械耕种并存，有"转工"习俗。围龙坝盛产茶叶，春夏采茶制茶时，"转工"习俗较常见。

（二）饮食习惯

围龙坝村以大米、玉米、土豆为主食，尤爱"夹米饭"（大米和玉米粉按一

[①] 起蛟为当地俗语，意为发生泥石流、滑坡等自然灾害。

定比例混合制作的主食)、时令蔬菜、合渣、瓜果、腊肉、榨广椒、豆豉、各类泡菜都是村民餐桌上的常见食物,野生清江鱼、虾等也是土家族的家常美食。

(三)礼仪

1. 丧礼

当地有"白事当作红事办"的习俗,这与土家族独有的豁达生死观密不可分。

2. 祝米酒与寿酒

逢小孩满月,会摆"祝米酒"庆祝。老人逢六十、七十、八十岁生日,有做"寿酒"的习俗。

3. 探病

亲朋好友有伤病,人们会带着礼品前往医院或者家里探视,以表示关切,这也是增进友谊与亲情的一种方式。

4. 压岁钱与打发

新年之际,家中长辈会给后辈孩子压岁钱,而"打发"是只要亲朋好友的小孩第一次去某家,就会获得一份见面礼,数量多少,视关系与家境而定,没有定数。

5. 传统婚嫁"讲礼兴"

土家族传统婚嫁的仪式感,是其他民族所没有的,包括托媒、合八字、订婚、认亲、报期、哭嫁、过礼、女方花圆酒、踩斗、露水伞、坐床、出拜等仪式,其中有很多环节需要"讲礼兴"。

"讲礼兴",在巴东江南后乡、野三关镇、清太坪镇、水布垭镇等地以及清江中下游一带的建始景阳镇、宜昌长阳县等地由来已久。

这种巴人后裔的古韵遗风,曾经风行一时,现在已经不流行了。

"兴",原是《诗经》里的一种表现手法,言他物以引起所咏内容。"讲礼兴",就是在说礼仪的时候起兴、开篇的意思。

现流传的土家族喜事中的"讲礼兴",多为口口相传,很多传承人年岁已高,而且多不识字。

例如,送恭贺的时候,这样说道:"往转一望是玉石面路,金盆栽花是有名之家,银盆栽花是富豪之家,不必讲礼,我们空脚搭手送恭贺去滴。"

(四)民间信仰和禁忌

1. 民间信仰

围龙坝村民间信仰鲁班。在建房过程中,梁木做好后,迎进堂屋,搁在大方桌上。子夜,要举行祭鲁班仪式:木匠师傅在桌下烧纸,在桌前对梁木磕头,寓意给鲁班磕头,敬师傅。

2. 民间禁忌

(1)婚姻禁忌。

在当地婚庆活动中,凡离异再婚或夫妻一方去世,或已婚没有孩子的都不得参与,只有儿女双全的人才可以参与婚庆活动,如参与送亲、圆亲、铺床、管礼等。

姐妹之间不能充当高亲客送另一方,有"姐送妹,穷三辈,妹送姐,穷到底"的说法。

(2)年节禁忌。

过年不打骂小孩,小孩哭不吉利。大年初一不能说"老虎"二字,不能说不吉利的话。过去正月初一去背水,不能说去"背水",要说去"抢银水"。大年初一至初三不能扫地,否则会把三代祖宗扫走。大年初一至初三不能往屋外倒水,倒了来年种田会遇上"雨打散工"①。大年初一至初三不能打破碗碟等,打破了可能会不吉利。忌给还在睡觉的人拜年,认为会使拜年的人生病卧床。

(3)生产、生活禁忌。

"春分不上坡,月半不下田",即春分时节和中元节期间不下田干农活。"初五、十四、二十三,神仙下凡也不安",当地人认为每月这几天做事不吉利。"丑字

---

① "雨打散工":突降大雨,使劳动不能继续。

半边田，做事不周全。"逢丑日①不做事。春分、秋分、夏至、冬至，立春、立夏、立秋、立冬的前一天为"四绝日"，诸事不宜。春戊寅、夏甲午、秋戊申、冬甲子为"四离日"，诸事不宜。

(4) 女性禁忌。

女性不能坐大门槛，女性坐月子期间（不满一个月）不能串门，女性怀孕期间忌在屋内墙上钉钉子或拔钉子，丈夫不能抬丧。建房做梁木时，女性不能碰梁木、木马和捡木屑。

三、遗迹遗存

（一）避难石室

围龙坝村四组绝壁之上，有一个天然溶洞，叫"螃蟹洞"，又名"避难洞"或"避难石室"，是古代巴人在战争中的避难遗址。《水经注》记载：

> 夷水出巴郡鱼复县江，夷水即很山清江也……夷水又东径建平沙渠县，县有巫城水，南岸山道五百里，其水历县东出焉。东南过很山县南，夷水自沙渠县入，水流浅狭，裁得通船。东径难留城南……东北面又有石室，可容数百人。每乱，民人室避贼，无可攻理……

（二）黄经堂与万寿寺

黄经堂遗址位于围龙坝村五组绝壁山巅一侧，南面全为绝壁，可俯瞰清江与南潭河渡口，西南与石柱山对望。黄经堂由晚清乡绅黄正望出资兴建，为青砖土木结构建筑，土木偏舍一间，上盖土瓦后，遭到损毁。黄经堂内供奉菩萨和十八罗汉，香火兴旺。

现存遗物有木大门一扇，经堂木板若干，青石石磨一副。

---

① 丑日：地支为丑的日子，丑是十二地支之一。

万寿寺遗址与黄经堂遗址相距约 50 米,之间有一道沟壑,沟深约 30 米,同为黄正望所建,为青砖土木结构,供奉菩萨,为药阁,后来也遭到损毁。

黄经堂和万寿寺南面的绝壁上有明显的人工凿洞,大小不一。崖屋前有石墙残垣,显示曾有人在此居住或避难。

(三)特色民居群

村内房舍大多为四井口的天井房、青龙白虎①的柄墙屋、土砌石盖的石板房,让现代人有一种穿越时空之感。柄墙上的青龙、香火台上的白虎头、房檐四角下的钩、飞山上的鳌、门前的户对和外挂锁、花木格窗的民居,吸引着众多游客和建筑专家观赏研究,也使百姓生活及居住环境更加贴近自然,成为一道靓丽风景线。

特色民居群

---

① "青龙白虎"是当地的一种建筑样式。

围龙坝村民居最显著的特点是青瓦、白墙、木格窗，为土木结构瓦房，坡屋顶的两端及四角有白虎图腾，也有山字垛龙头造型，寓意卧龙腾飞、富贵吉祥。

房垛造型

位于围龙坝村十组泌水溪（小地名）的邓家老屋为邓氏先祖林华购置，林华当年买下李氏三间正屋，后建左右厢房，形成现在的天井院子，共十间，建筑面积约600平方米，占地面积约1200平方米。老屋历经邓氏家族十三代人，距今已有300多年历史。

邓家老屋现仅存断墙残垣，东厢房外尚保存着一块刻有"千年荣华"字样、浮雕为鹿的石刻。邓家老屋历经邓氏家族十一代人，距今已有约279年历史。

走近

四十年前复建的邓家老屋

（四）南潭河渡口

清江沿岸渡口众多，最有名的莫过于水布垭镇境内的南潭河渡口，它也是恩施州现存的唯一的国有汽车轮渡码头。每天通过的汽车近300辆、乘客约2000人。默默无闻的"水上公路"，记录着轮渡风雨飘摇的岁月。

1968年，随着大杨公路（大路坡至杨柳池）的贯通，南潭河渡口因势而生。站在三里城，眺望整个渡口，上至桃符口，下至招徕河，南到白岩顶，北到东向门，围成一个巨大的椭圆形盆地，土家儿女世代在此繁衍生息。

大杨公路乃至后来的巴鹤省道贯通于此，南潭河渡口成为最重要的渡口，人称"清江第一渡"。

最早的南潭河渡口，用的是木制驳船渡运过往车辆，往返靠人工用竹篾做的缆绳拉船。码头工人风里来、雨里去，冒严寒、顶酷暑，非常辛苦。

以前，放排是清江一道独特的风景线。放排是通过水流运输木材的一种方式。将木材用藤条、篾缆、钢索、铁链等编扎成排节，根据河流情况，将若干排节纵横连接成排,顺水漂下。在水流湍急的河段,排尖猛地插入水中,然后在数十米外冒出来,惊险刺激,彰显排工的好身手、好功夫。

木排有单层、多层之分,层数根据河宽及水深而异。

在南潭河放排是没有危险的。渡口一带水流平缓,是排工最惬意、最安心的地方。

后来,渡口的驳船不断更新升级,人们出行的安全便利指数也不断提高。木驳船换成了铁驳船,人们在空中架钢缆线,用机械转盘绞索拉船。清江水布垭大江截流工程完工后,江面变宽,铁驳船又换成了现代化的动力渡船,而且载客量增大。不误点,不隔渡,两小时一班。

(五)三块奇石

三块奇石,一为香炉石,因形似香炉而得名;二为印盒子石,此石形似官印,巨石下有小石支撑,置身其上可摇动,千百年来屹立不倒;三为阴阳石,在燕子洞洞内有一阴阳石,清江水布垭大坝蓄水后被淹没,疑为《水经注》中记载的"阴阳石"。《水经注·三十七卷》记载:

> 夷水……东南过佷山县南,夷水自沙渠县入,水流浅狭,裁得通船。东径难留城南,城即山也。独立峻绝,西面上里余,得石穴。把火行百许步,得二大石礈,并立穴中,相去一丈,俗名阴阳石。阴石常湿,阳石常燥。每水旱不调,居民作威仪服饰,往入穴中,旱则鞭阴石,应时雨多,雨则鞭阳石,俄而天晴。相承所说,往往有效,但捉鞭者不寿,人颇恶之,故不为也。

(六)清代墓碑

1. 邓门谭氏之墓

邓门谭氏生于康熙十年(1671年)七月二十六,亡于雍正九年(1731年)九月十二,立碑时间为乾隆四年(1739年),距今已有282年历史。

2. 黄门谭氏（黄正望之祖母）之墓

黄门谭氏生于道光二十四年（1844年）九月初五，亡于光绪三十三年（1907年）十月二十四，宣统元年（1909年）十二月立碑，距今已有100多年历史。

3. 李衍富墓

李衍富生于乾隆三十二年（1767年）九月十六，亡于嘉庆四年（1799年）四月十六，距今已有200多年历史。

4. 邓全强、陈氏合葬墓

邓全强，生于道光十六年（1836年），亡于光绪十八年（1892年）十月二十六；陈氏生于道光十五年（1835年）闰六月十七，亡于光绪二十九年（1903年）十一月初四，距今已有100多年历史。

墓志铭全文如下：

> 墓之有志，由来久矣。行述功烈垂之不朽以为后人矜式，所系重矣。邓公讳全强，吾乡巨族，世袭簪缨，富匹陶猗，因少孤流落不偶，几疑门祚之难，才□年及受聘邑庠陈公之女，雅贤内助，沐雨栉风，共尝勤苦，文疏未备，俭素由是。田园后旧观洵足，光昭世，业马尤足，慕者积而散解交推食，侃慨不吝，乡间悉沐其恩施，共相庆寿谓积善，余庆庶不来乎。夫何视天萌萌报施之理，无足凭来有交。夫子行箕裘之绪，幸门楣有人教以内，则戒以壶范各长婿向学瑜名门适籍：称为巾帼之秀，亦足有光，于父母者世代儒门，笃于恩谊怜泰山将倾，泰山欲逝，无以终，余年愿就养以共，子□果顺适亲心，绍述先志大启尔宇，而家道发祥，愿而乐之贤于有子矣，及母之存为作寿藏安其志，余敬为之志其德业，并铭以昭奕模云。铭曰：沟岭嵝嗟峨，漆灯煜烁门楣之光佑启悠传。

（七）古木古井

围龙坝村十四组有一株巴山松，树龄约150年，树高约15米，为三级保护树木。围龙坝村十四组生长着一株桂花古木，树龄120年，树高约12米，树冠约12米，为三级保护树木。九组邓仕浩家院子内也有一株桂花古木，树高约9米，树冠约8.5米,为三级保护树木。在六组向圣明家院子内有一口古井,现上方建有猪栏牛舍,古井已废置不再使用。

四、文化遗产

(一) 花鼓子

花鼓子与撒叶儿嗬是土家族民族文化的代表,也是巴文化的"并蒂花"。土家族逢喜事必有"花鼓子"登场,以示喜庆,而逢丧则必不可少"撒叶儿嗬",一喜一悲,都包含浓厚的地域文化和人文特色。花鼓子是名副其实的"下里巴人"之乐,在巴人后裔聚居区尤为常见,比如在巴东江南后四里及宜昌长阳一带。

原声的花鼓子,近乎失传,现在传唱的花鼓子,多以五言、七言为主,俗称为"五句子山歌"。这种唱词,后来也多被撒叶儿嗬所传唱,所以,世人都误以为五句子山歌是撒叶儿嗬的唱词,实则不然。这种唱词之所以可以悲喜通唱,是土家族豁达的生死观所决定的,也体现了当地土家人"白事当作喜事办"的习俗。

花鼓子,有鼓师击鼓点,领唱,同时鼓点也控制着跳唱花鼓子的节奏与旋律。

(二) 山民歌

山民歌就是土家族先民在劳作的时候,唱(喊)出的一种古风歌体,涉及捕鱼、狩猎、农耕、日常娱乐,甚至军事战争等多方面,与生产生活息息相关。

《五句歌》节选:

  门口一条河,河里鱼儿多。姐说使网打,哥说赤手捉。姐说使网打欸,哥说唉赤手捉呃……

《十月怀胎》节选:

  怀胎唉正月正呃,奴家不知音呐。水上的那个浮草,未呀未生根……

牛洞坪村

——幢幢土屋寄乡愁

一、村落概况

牛洞坪村，位于长江以北的东瀼口镇，背靠神农架山脉，地处巴东、兴山、秭归的交界处，是一个古老而充满诗意的世外桃源。

全村现辖17个村民小组。截至2020年6月，全村共有2670人，20个居民点。居民点分别是牛洞坪、马鹿口、铧厂、弯堰坪、傅家沟、千军坪、唐家湾、

村落概貌

庄屋岭、向家湾、胡家垭、王家湾、向家梁子、陈家湾、许家窑厂、樟树塘、水池岭、松木垭、肖家垭、傅家屋场、丁家屋场。全村总面积10.6平方千米。主产水稻、玉米、小麦、油菜等。

境内地势西南高，东北低，山势陡峭。最高海拔1700米，位于龙会观；最低海拔300米，位于板桥河。这里气候适宜，四季分明，年平均气温17℃。

牛洞坪村历史悠久，清末属巴东前里八甲。民国初年至十六年为牛洞区（区署设牛洞坪），1930年3月至1932年8月，属巴归兴苏维埃政府牛洞区，民国末年属西瀼乡十七保，现属东瀼口镇管辖。

千百年来，这里的人们日出而作，日落而息，过着与世无争的生活，创造了独具土家特色的农耕文化和民居文化。

2015年，巴东县委县政府提出发展乡村旅游、实施旅游扶贫的工作思路，牛洞坪村被评为巴东县乡村旅游发展示范村。自2016年起，牛洞坪村连续成功举办四届油菜花节，在大山深处沉寂多年的牛洞坪村揭开了神秘的面纱，展示出独特的乡村之美。越来越多的人,来到牛洞坪村感受自然,纵情山水,体验乡村生活,寻找记忆中渐行渐远的田园牧歌。

走进牛洞坪村,仿佛走进了一幅田园画卷,迎接你的是葱绿的绵延山野,朴素的乡村民居,那层层梯田顺着山势蜿蜒铺开,春天油菜花开,夏天向日葵笑,秋天稻谷金黄,冬天雪花飘飘,四季如歌,风景如画。

500多栋土瓦泥墙的民房,错落有致地点缀在层层梯田上,光滑的青石板路、原生态的耕作方式、传统的农耕器具,处处散发着古老、质朴的乡村气息,彰显着田园牧歌式的生活方式。

二、土屋梯田

(一)向家大院

向家大院位于牛洞坪村十一组樟树塘,占地面积2000多平方米,以向姓人

向家大院入口

口居多。该大院历史悠久，1929 年，在此成立中共牛洞区委员会和苏维埃政府。新中国成立后，这里是土地改革指挥部。此地人口密集，人口最多的时候有上百人居住。

向家大院全貌

这是一块风水宝地，很有灵气。屋前有一古堰塘，常年不干，滋养着这个大院。屋后有一棵古樟树，已有千年历史，树高 30 余米，需三人合抱，传说是北宋寇准任巴东县令在此劝农稼穑时所栽，古树历经千年沧桑，依然葱茏劲翠，人们把它当作神树，经常在这里许愿，祈求风调雨顺、岁岁平安。千百年来，古屋、古树、古塘在这里相依相伴，一起见证着历史的风云变幻。

（二）土屋群落

牛洞坪村的土屋是目前巴东保存最完好、规模最大的乡村民居，525 栋土屋连片分布，错落有致，构成一道靓丽的风景线，其中有些土屋已有百余年历史。

土屋群落

2013年12月16日,巴东发生了5.1级地震,震中就在牛洞坪和羊乳山交界处。附近村庄的很多土屋都倒塌了,本村有些砖粉结构的房子也裂口了,唯有牛洞坪的土屋完好无损。

牛洞坪村修建土屋时大有讲究。

第一步是"看屋场"。找专人选择最佳宅基地。一是要干燥不易积水;二是靠山牢固不会滑坡;三是尽可能坐北朝南,采光要好;等等。

第二步是请"验匠"。"验匠"就是建房的设计师和工程师。请"验匠"就是择吉日"打屋场、下墙脚",也就是房屋的基础建设。土坯房在"下墙脚"时很讲究,所用石材必须选择质地坚硬不易风化的石头,以本地花岗岩为主。石匠用凿子将其凿成石墩石条,再逐一砌好。本地人把高大的正房叫作"正干"(正间),低矮的房间叫作"私沿",打屋场时先要规划需要几间"正干"、几间"私沿",以及每间房的长、宽、高,不用笔纸,都记在"验匠"师傅的脑子里。

第三步是"架板"。"板"就是建土屋的模具。"架板"就是土屋正式开工。开工这天，亲朋好友都会送一些菜和粮食。当地人把建房叫作"起屋"。"起屋"夯土的一般都是村里的青壮劳力，他们边夯边喊号子。妇女们帮忙挖土、挑土，数十人的劳动场面十分热闹。

一丈多高的土坯房不是一次性建好的，其间必须歇两次，一次是"大门过砖"，也就是建到大门的上沿时要歇几天，装上几根长原木作"楼辅"，等夯的土墙干好以后再架第二板。第二次歇是第二板建到正房平口的时候。最后就是竣工"上梁"。"上梁"又叫"招山子"，是当地人人生中的一件大事，所有亲朋好友都会前来道贺。姑、舅、姨等重要亲戚还要吹着唢呐，敲锣打鼓地"贺梁"，亲朋好友会送上一丈红布和一块贺匾，匾上写着"兴旺发财、吉祥如意、财源滚滚"等祝福语，让新房的主人高兴得合不拢嘴。

"上梁"后就是定传子、盖瓦、镇楼等，完成这些附属工程后，一座崭新的土屋就建成了。

都是土屋，为什么牛洞坪村的土屋建好以后不裂口、不破损呢？其奥妙就在于牛洞坪村建房所用的土质地细、黏性强、无杂石，热胀冷缩的伸缩性小。此外，牛洞坪村的土除了建房，还可以烧制土陶，这里曾是巴东县有名的土陶产地，全县很多上年纪的人都有在牛洞坪村买土陶的记忆。

（三）牛洞坪村梯田

梯田分布在牛洞坪村的每一个角落，放眼望去，梯田有大有小，有的呈弧形，有的如弯月，有的似圆盘，形成了一个上千亩的梯田群。梯田最高海拔850米，最低海拔580米，垂直落差270米，集壮丽与秀美于一体。梯田中，最引人注目的是两条蜿蜒的公路，弯弯曲曲，似飘带，又似献给客人的哈达，祝福着来往的客人。在整个梯田的中央，有两条沟（左为石院子沟，右为梅子沟）把中间的一块田地勾画成一个巨大的葫芦，又似巨大的心形，犀牛塘就位于其中，似天工巧成，神奇而富有趣味。

层层梯田

  这里的梯田，一年四季的景色各不相同。于是，这里便成了旅游者的胜地、摄影者的天堂。

  到了春天，梯田的油菜花竞相开放，大地呈现一片金黄，仿佛花仙子漫步其间，挥动衣袖，翩翩起舞。成片的油菜花，从下到上，一层一层，与远山、近水、土墙、黛瓦，相映成趣，构成一幅美丽的田园画卷。人游其中，追蜂惹蝶，心神荡漾，顿觉返璞归真。

  到了初夏，当油菜花凋谢后，这里的土家人就会开始忙碌起来。家家户户牵出水牛，开始耕田，然后把每一块梯田蓄上水。蓝天白云，倒映水中，在朝晖和夕阳的映照下，层层梯田，波光粼粼。特别是起风时，每一块梯田都闪动着细浪，层层涌动，好像整个山坡都在摇晃。当梯田栽上秧苗后，整个田野就变成一片碧绿。绿油油的秧苗昂首挺胸，随风左右摇摆，一片生机盎然。

  到了秋天，水稻在经过五个多月的阳光雨露后，慢慢成熟，终于羞涩地低下头。整个山坡，金浪翻滚。稻田里，那一株株饱满的稻穗充满着成熟的喜悦，弯着腰，躬着背，低着头。风抚弄着稻穗，时而把它吹弯，时而把它扬起，仿佛大地在有节奏地呼吸。风从对面吹来，一股丰收的气息扑面而来，同时传来稻穗间的细语。稻田与山中的秋色相映成趣，就像画家用粗细不一的线条和五彩缤纷的颜料，勾画出的色彩斑斓的图画，令人心旷神怡。

犁田打耙

三、红色历史

牛洞坪村是一片红色的土地，有着光荣的革命斗争史。早在1927年，这里就开展过革命活动。1929年初，建立巴东县牛洞区委员会，成为巴归兴革命根据地的一部分。

（一）中共巴东县牛洞区委员会、区苏维埃政府旧址

中共巴东县牛洞区委员会、区苏维埃政府旧址位于牛洞坪村十一组，是一

栋土木结构瓦屋，三大间，坐西朝东，屋后有一棵约3米粗的大樟树。

大革命时期，经过几年的土地革命斗争，巴归兴党组织得到了空前的发展和壮大，也建立起党领导下的革命武装，江北的大片土地已掌握在党和人民手中，建立人民政权的条件已经成熟。1929年3月，中共巴东县牛洞区委员会、区苏维埃政府成立，辖西陵、构坪、牛洞、甘坪、羊乳五个乡党支部、乡苏维埃政府，傅祖山任区委书记，苏培祥任区苏维埃政府主席。

苏维埃政权的活动和具体任务是：①组织、发动和领导农民进行土地革命。②领导赤卫队打击土豪劣绅，镇压反革命，保卫人民政权，发展新的革命根据地。③调拨军粮军饷，筹备军服等军需物资，做好支前工作。④管理地方日常事务，处理刑事民事案件，调解民事纠纷和婚姻案件。还管理群众生活、生产等工作。

（二）中共巴归兴县委扩大会议（对坡）旧址

中共巴归兴县扩大会议（对坡）旧址位于牛洞坪村对坡，原建筑物为两合天井屋，现已拆毁。

1931年12月上旬，教二师为贯彻执行贺龙关于解决巴东反动团防的指示，决定攻打巴东二塝垭的团防，以拔除根据地的心腹之患。在攻打中，罗玉卿不幸中弹牺牲。事后，黄大鹏悲愤交加，于12月16日率部再攻二塝垭。战斗中，当黄大鹏向敌军喊话时，被敌军枪手开枪击中，不幸壮烈牺牲。队伍抢回黄大鹏的遗体后，运回牛洞坪，召开千人追悼大会，将其葬于牛洞坪水池岭。黄大鹏牺牲后，根据地革命斗争转入低潮。

12月下旬，根据斗争的需要，巴归兴县委在牛洞坪对坡召开扩大会议。会议由县委书记胡荣本主持，出席会议的有巴归兴县苏维埃政府主席高云锦、教二师代师长宋文明等。会议学习了《红三军前委给县委的信》《鄂豫边特委郧属分特委给县委信》、中华苏维埃第一次全国代表大会通过的《土地法草案》等文件，分析了根据地革命斗争形势，总结了万仙洞、二塝垭革命受挫的深刻教训；讨论通过了《中共巴归兴县委扩大会议决议案》，该决议案分别就政治、组织、宣传、

中共巴归兴县委扩大会议(对坡)旧址

工人运动、农民运动、军事、经济、政府工作八个问题作出决议。

巴归兴县委扩大会议,是在革命陷入低潮时召开的,这是巴归兴根据地历史上的一次重要会议。这次会议进一步明确了根据地的革命路线和工作方向,促进了根据地土地革命的开展和根据地建设的不断发展。

1993年6月,该旧址被列为县级文物保护单位。2003年10月,中共巴东县委、巴东县人民政府在此立碑以作纪念。

(三)击毙国民党巴东县保卫团副团长谭先开旧址

击毙国民党巴东县保卫团副团长谭先开旧址位于牛洞坪村观音岩。

1931年4月1日,县保卫团副团长兼第一中队队长谭先开率领反动武装,进犯牛洞坪一带根据地,破坏政府机关,捕杀共产党人,抢劫群众财物。黄大鹏闻讯后,立即率兵200余人,分两路夹击敌人,包围了谭先开部。谭先开伺机出逃,被击伤,由士兵背着向山林逃窜,黄大鹏追至观音岩,最终将谭先开击毙。

(四) 英烈名录

从大革命开始,巴东人民就自觉接受中国共产党的领导,坚定不移地步入了新民主主义的革命道路。1928年9月,牛洞"神兵"在张华甫带领下进城杀官夺印取得胜利。1929年7—8月,牛洞坪农民在农协会组织下,由傅祖烈领头抗租、抗税。1931年12月16日,时年24岁的红三军教二师师长黄大鹏在二塃垭战斗中壮烈牺牲,安葬于牛洞坪村水池岭(1958年其遗骨迁葬巴东县烈士陵园)。同月下旬,巴归兴县委扩大会议在牛洞坪对坡召开。1932年初打倒土豪分田地,开展土地革命。1932年6—7月,教二师主力东下,反动团防进入苏区,杀害牛洞坪300余名共产党人,现在册革命烈士32人。

1. 谭联科

谭联科,男,1902年生,东瀼口镇牛洞坪村人,1928年加入中国共产党。1930年5月起,先后任红四十九师教二师连长、第二大队队长、营长等职,指挥作战有勇有谋。

1928年,谭联科随黄大鹏在牛洞坪一带参与发动和改造"神兵",曾任牛洞坪红枪会代表。同年,敌独立第五师一部窜至牛洞坪,谭联科率20余名手执刀矛的"神兵"与敌交战,缴获了一些枪支。敌独立第五师一部驻荒口子,为非作歹,抢掠烧杀,谭联科又联合附近几支"神兵"卫队,在黄大鹏的指挥下,攻击敌军,又获大胜。

1931年3—4月,红四十九师在甘家坪休整,4月2日谭先开向牛洞坪苏区进犯,谭联科力请出征解危。黄大鹏与之密议,分兵两路夹击。谭联科率两个连,从杨家坪上楠木观,绕至敌后的松树包后埋伏;黄大鹏率两个连由正面从傅家河沟上攻。谭联科身先士卒,不到1小时即挫败进犯牛洞坪的敌人。敌军退至下滩坪,又据胡林包大屋顽抗。当时红四十九师装备较差,快枪较少,一时不易攻克。有战士建议用火攻,但此屋是谭联科的老屋,一战士问谭联科:"你的老屋能否烧?"谭联科毅然回答:"只要能消灭敌人,烧!"谭联科立即亲自寻晒席、草垫,泼上桐油后点火。屋内敌人见之惊惶万分,夺门而逃。此刻,谭联科抬手一枪,击伤谭先开。谭先开由两士兵背至观音岩,谭联科命战士追击,挥刀斩下谭先开的首级。

1931年冬,谭联科随黄大鹏攻打二垴垭。战斗中谭联科冲锋在前,交锋时打死敌首詹兴让。后,我军再攻二垴垭,黄大鹏不幸牺牲。谭联科怒目圆睁,厉声说:"岂有师长牺牲,不能得其尸者!"语未毕即冲上前去,偕谭祖甲将黄大鹏的遗体背回。为鼓舞士气,谭联科再次舍生忘死,率部进攻史祖惠部,史祖惠不支,弃阵溃逃,谭联科夺其枪20余支。

1932年4月,谭联科随军下洪湖,部队整编后担任二连连长。同年6月被杀害。

2. 杨卜银

杨卜银,男,1903年2月生,中共党员。东瀼口镇牛洞坪村人。1927年参加"神兵"组织,在一次战斗中曾亲刃"铲共团"头目谭先开。1930年1月在秭归冰洞湾与黄枪会作战时牺牲。

3. 唐启明

唐启明,男,1896年7月生,中共党员。东瀼口镇牛洞坪村人。1927年参加"神兵"组织,1928年11月参加缴获罗坪团防张家彩枪支的战斗。1930年9月在二垴垭战斗中牺牲。

4. 唐关俊

唐关俊,男,1913年3月生,东瀼口镇牛洞坪村人。1927年由廖景坤介绍加入"神兵"组织,后编入工农红军第四十九师,曾参与缴获罗坪团防张家彩枪支的战斗。1931年11月被捕,敌人对其折磨两天,他始终坚贞不屈,后在响水河被杀害。

5. 谭文焕

谭文焕,男,1906年4月生,东瀼口镇牛洞坪村人。1927年加入中国共产党。曾任牛洞区苏维埃政府副主席。1928年冬参加缴获罗坪团防张家彩枪支的战斗。

1930年11月13日，在甘家坪被"铲共团"抓捕，杀害于龙溪。

6. 杨卜凤

杨卜凤，男，1900年生，东瀼口镇牛洞坪村人。1928年参加游击队当队员。后编入工农红军鄂西游击大队，与"铲共团"多次作战，1930年2月在秭归县冰洞湾与黄枪会作战时牺牲。

7. 卢崇金

卢崇金，男，1903年12月生，东瀼口镇牛洞坪村人。1927年参加"神兵"组织，后编入工农红军鄂西游击大队，随队在兴山、房县、秭归等地参加战斗。1931年5月被敌人抓捕，在牛洞坪水池岭被杀害。

8. 朱伯锦

朱伯锦，男，1896年2月生，中共党员，东瀼口镇牛洞坪村人。1928年2月参加"神兵"组织，曾参加攻打罗溪团防的战斗，并缴获其枪支弹药。在荒口子与独立五师作战时右腿负伤。1929年12月17日被"铲共团"抓捕，后被杀害于凉水井。

9. 侯家全

侯家全，男，1897年1月生，东瀼口镇牛洞坪村人。1927年参加"神兵"组织，后编入工农红军鄂西游击大队。1930年5月3日在游击队活动据点黄氏屋场被捕，次日在牛洞坪庙上被杀害。

10. 曾令益

曾令益，男，1911年4月生，东瀼口镇牛洞坪村人。1930年加入工农红军第四十九师，后随主力东下洪湖。1932年3月在洪湖战斗中牺牲。

11. 冯家兴

冯家兴，男，1914年2月生，东瀼口镇牛洞坪村人，共青团员。1931年任童子团团长，同年10月，从秭归返回巴东途中在凉水井遭遇敌军牺牲。

12. 傅光元

傅光元，男，1912年9月生，东瀼口镇牛洞坪村人。1930年参加童子团，曾参加秭归、平阳、罗坪等地战斗。1931年3月在黑堰槽被敌人抓捕杀害。

13. 向福祥

向福祥，男，1890年11月生，东瀼口镇牛洞坪村人，中共党员。1929年入工农红军鄂西游击大队。曾在秭归与敌军多次作战。1930年4月在凉水井战斗中牺牲。

14. 宋宏明

宋宏明，男，1899年4月生，东瀼口镇牛洞坪村人。1927年参加"神兵"组织，后编入工农红军鄂西游击大队。1931年3月在牛洞坪寨子口放哨时被敌人杀害。

15. 傅祖淑

傅祖淑，男，1913年9月生，东瀼口镇牛洞坪村人。1928年3月参加"神兵"组织，后编入红三军教二师当班长。1932年4月随第四游击大队转战洪湖途中失踪。

16. 杨显芝

杨显芝，女，1900年5月生，东瀼口镇牛洞坪村人。1929年任妇女协会干部，组织妇女合作社，给游击队做军鞋、军袜，洗、补衣服。1932年5月在牛洞坪被敌人抓捕杀害。

四、遗迹遗存

（一）绝壁栈道

在东瀼溪和板桥河峡谷间的悬崖绝壁上有长约5千米的绝壁栈道，这条栈道是牛洞崖城重要的组成部分，它和山上的兵寨是同时修建的，已历经了千年时光。这条古栈道既是兵寨通道，也是重要的防御设施，该古栈道串联起大小岩屋营寨十余个，主要有呲牙寨、孟家寨、观音寨、黄岩角大寨、卡门口大寨、大岩屋大寨、偏岩屋大寨等。

（二）吞口神像

吞口神像为晚清文物，是土家族先民建房后悬挂于大门之上镇宅避邪用的。神像为木质，镂空雕刻而成，施彩绘。1994年10月26日，神像由东瀼口镇牛洞坪村六组村民谭联刚捐献。吞口神像是由狰狞的虎面像为原型演变而来的神像，表现出古代巴人后裔崇尚白虎的信仰。

（三）千年古樟

牛洞坪村有一棵古樟树，即村民所说的"神树"。据当地老人讲，这棵樟树非常神奇，你只要向这棵樟树许愿，愿望就会实现。至今这棵神树上还有很多红绸带，都是如愿的人敬奉的。

千年古樟

（四）长生古井

在牛洞坪村十四组有一口古井，叫"长生井"。据考证，这口井建于明末万历年间，为曾家先祖所建。这口井原在召开过中共巴归兴县委扩大会议的屋内，房屋拆毁后，井裸露在外。现在，井周围虽然已长满青苔，但仍掩不住这一泓清泉的清澈。当年，曾家先祖在这里建起酿酒作坊，开设"宝祥商号"，收茶买盐，历经三代而不衰，富甲一方。

长生井

五、民间艺术

（一）玩花灯

玩花灯又叫春节玩花灯，盛行于牛洞坪村。它的表演形式活泼，曲调明快。

表演时，由一女坐车，一男伴丑角推车，在打击乐和唢呐伴奏声中，二人翩翩起舞，动作诙谐，他们一问一答，语言风趣，边舞边唱，加上围观群众的帮腔衬托，整个演出给人以热闹、喜悦之感。

（二）花鼓子

"花鼓子"是巴东比较流行的一种民间歌舞形式，在牛洞坪村盛行已久。据当地一些老艺人讲，这种民间艺术形式虽然已流传多年，但如何形成目前还尚无定论。"花鼓子"一般是在逢年过节时，艺人们到各家各户的院坝和堂屋里去表演。表演人数男女各半，视表演场地大小，有二人、四人、六人、八人表演等多种形式，边唱边舞，配以锣鼓伴奏。表演者即兴编词演唱，当地群众俗称"见子打子"，演唱内容多是赞颂性的吉祥话。

"花鼓子"表演时既可独唱也可以齐唱，音乐唱段的中间和结尾配以打击乐，加上载歌载舞的表演，深受当地群众的喜爱。

（三）滚铜钱

"滚铜钱"是牛洞坪村在春节期间玩花灯时表演的舞蹈，它的表现形式与花鼓子相似，不同的是，它的音乐和唱词是固定的。表演时，男女演员一推一转，配合默契，动作的变化和场记调度的转换，十分强调一个"圆"字。

（四）鸳鸯合

"鸳鸯合"是牛洞坪村在春节玩花灯时，男女双人表演的一种歌舞形式，还流传在信陵镇和江北溪丘湾乡一带。表演时，女肩挑一对花篮（用竹篾和彩纸扎制），男手执一长红绸带作肩挑状，在锣鼓的伴奏声中，男女面对面不断变换队形，边舞边唱。形式活泼，充满情趣。

（五）鼓儿车

"鼓儿车"这一民间歌舞形式一直流传在牛洞坪村及巴东县其他村寨，经久不衰。

"鼓儿车"一般在春节期间玩花灯时表演。最初的表演只用"高腔调"演唱，后来加入了"低腔调"，使这一艺术形式更趋完善。1949年以前，牛洞坪村的"鼓儿车"在表演上没有什么固定情节，由一男扮演老汉（丑角）推车，一男反串女的坐车，唱词多是顺口溜，对白也是即兴问答。新中国成立后，"鼓儿车"在表演上删去了不健康的内容，坐车改由女的表演。情节改为一对夫妇，男的送女的回娘家，在途中他们边推边唱，歌唱幸福生活和新春佳节的吉祥如意，表演形式更加丰富了。

在牛洞坪村，"鼓儿车"采用的是一领众合、与观众互动的表演形式。如推车的演员领唱"我的鼓儿车哟"这一句后，看玩花灯的观众就会自发地接唱一句衬词"哟"，这种演员与观众互动的表演，使整个节目气氛热烈、活泼欢快。

"鼓儿车"的推车动作是很有特点的，富有生活气息。推车的动作幅度可大可小，熟练时动作幅度可以大些，也显得灵活些，不管动作幅度大还是小，两人步调的配合一致是很重要的。

"鼓儿车"具有独特的地域风格，而且容易学会，是当地群众喜闻乐见的一种民间舞蹈形式。

（六）舞"草把龙"

牛洞坪村舞的龙叫"草把龙"，因用稻草扎成而得名。即用稻草扎成龙头、龙身和龙尾，一共九节，用稻草串连起来，每节插一根竹木杆为把。每年农历五月至七月，为舞"草把龙"时间，舞龙是为了驱瘟、防火。

（七）薅草锣鼓

薅草锣鼓由薅草劳动和田歌两部分组成，是一种劳动生产与音乐相结合的民间艺术形式。牛洞坪村在结群薅草、挖土、栽秧时，一般有两位歌师领唱或对唱山歌，一人按节奏击鼓，一人应点敲锣，锣鼓间歇，歌声即起，轮流对唱，整日不歇。

薅草锣鼓的乐器主要有鼓、锣、钹、马锣，鼓手领队，发歌指挥，既指挥唱歌，又指挥生产，号召力很强。也有两人一班，一人挎着鼓，击鼓发歌，一人掌握锣鼓架，架上挂着大锣、小锣和钹，敲打三件乐器接歌。薅草锣鼓演唱形式灵活，或互相接歌，一人唱一人接；或一领众和，一人或两人唱，锄草的人一起接；或锣鼓师自打自唱。"唱"和"打"也有不同的配合，若唱时不打，只以锣鼓作间奏，谓之"住鼓听声"；若边打边唱，以锣鼓伴奏，则称之"鼓里藏声"。有的地方还配有唢呐，称为"吹锣鼓"，仅用打击乐器伴奏接腔的称作"盘锣鼓"。

薅草锣鼓的演奏方法很多，复杂多变，有快节奏和慢节奏之分。锣鼓点子一般是由慢到快，随着节奏的加快，出现劳动的高潮。一天之内，形成三起三跌，称为"三潮"。特别是在收工之前，要赶劳动进度，锣鼓节奏越来越快，叫作"放擂"。"放擂"时的劳动场面，土家人是用"饿马奔槽"一词来形容的。锣鼓歌师既要演奏，又要演唱，劳动时间内不能间断，一天下来，其劳动强度不是一般人能承受得了的。因此，唱要与锣鼓演奏相配合，使歌者有时间休息。一般在每一句唱词中，要配以鼓锣；在句尾，要配以时间较长的锣鼓点子。锣鼓在演奏中的比重比歌大，这也是土家族"薅草锣鼓"未带"歌"字的原因。

（八）稻草工艺

在牛洞坪村，随处可见稻草工艺品。这些当地人编织的稻草工艺品中有人、动物、劳动工具，如钓鱼翁、犀牛、钓鱼船、板仓、犁头、犁架等，形象逼真，栩栩如生，与牛洞坪村的自然风光相交融，组成一幅幅精美绝伦的田园风光画。

这里的稻草工艺品是如何发展起来的？起初，稻草工艺品是用来驱赶飞禽的。这里是山地，飞禽多，喜欢吃老百姓种的庄稼。于是，老百姓就用稻草扎成草人或其他动物,吓走飞禽,让它们不再来吃庄稼。后来,有一部分老百姓受其启发,就在农闲的时候,用稻草和竹片,以人、动物或劳动工具为对象,制作各种工艺品,放在山里、田间,一方面,可以吓唬飞禽,保护庄稼;另一方面,还可以装点山村。

六、自然景观

(一) 傅家河

傅家河因河床附近居住着许多傅姓人家而得名。傅家河起源于牛洞坪村的最高峰——龙会观的西边谷底,流经牛洞坪村 12 千米,在肖家垭左下方注入板桥河。河流源头海拔 1300 米,最低处 300 米,落差 1000 米左右。整个河床除了其中极小一段比较平缓以外,大多高低落差极大,水流奔涌,水流到对坡后,河床突然变窄,形成 100 余米高的陡壁,河水在这里变成瀑布,飞流直下,甚是壮观。河谷在此变成了又窄又陡的峡谷,形成壮丽的风光。传说中的犀牛洞就位于此峡谷的绝壁之上。

傅家河,是牛洞坪村的母亲河,滋养着这一方的水土和人民。河水穿行于山谷之中,不仅处处是景,还充满了传奇。峡谷中有小鲵、林蛙等两栖动物,有猕猴、林麝、青鹿、白肩雕等野生动物,还有黄杨、银薇、金弹子等植物,可谓是植物的乐园、动物的天堂。

在傅家河的起源处,有一山峰,名叫龙会观峰,海拔 1700 余米,是牛洞坪的最高峰。在山顶的东侧有三个洞,称为冰洞、水洞、风洞,传说如果有人扰此三洞,就会引起水灾、旱灾、风灾。距山顶 50 米处,有一口小水井,常年不干,也从不溢出,甚为神奇。很久以前,这里有一座由巴东人和秭归人合建的寺庙,规模宏大。据说在建造时,上万人从牛洞坪到龙会观山顶排成长梯,将数千片铁瓦一片一片传上山顶。寺庙建成后,许多善男信女前来烧香拜佛。后来寺庙被毁。

在傅家河的中段，有一段平缓处，是人们游玩的乐园。在这里，人们可以下河嬉戏玩耍，也可以在河里捉虾捕鱼。这里处于大山之中，无任何污染，水质干净，是野炊的绝佳之地。

在傅家河的末端，是一段险峻的河谷，独具特色。人行其中，只见两岸绝壁对峙，峭壁千仞，谷如地缝。沿河谷前行，两岸绝壁颇具特色，有的直上直下，如刀砍斧削；有的向前倾斜，好像紧紧抱在一起。抬头仰望，有时天空像一条线，有时又难以见天，似入幻境。峡谷尽头，一绝壁拦住去路，飞瀑直下，水花四溅，声声轰鸣，水声在峡谷中回荡，气势磅礴，摄人心魄。一路走来，两岸树木郁郁葱葱，有的长在河谷，有的立在悬崖，有的藤条倒挂，像一些美丽的饰物。虽然都是绿色，却是高低错落，远近不同，深浅不一。特别是到了正午，由于阳光直射，光线在谷中被反射，时隐时现，时明时暗，给山谷涂上深浅不一的颜色，绿的碧绿，蓝的翠蓝，灰的银灰，浓淡有致，层次分明。这时，轻风徐徐吹来，两岸的树也随之摆动，树影婆娑，婀娜多姿，整个山谷都活了起来，似人间仙境。此时，这条河流给人的感觉已不再是河流，而是一个有血有肉、有思想、有情感的生命，人和自然，在此刻融为一体。

（二）龙会观

牛洞坪群山环绕，这里最高的山叫作龙会观。顾名思义，龙会观就是龙汇聚的地方。这座山峰海拔1720米，横跨两县，东与宜昌市秭归县接壤。在山顶的东侧有三个神奇的溶洞，距山顶50米处有一口常年不干也不溢出的小水井。以前，龙会观顶有一座宏伟的寺庙，是巴东人和秭归人合力修建的。据说修建龙会观寺庙的时候，巴东10000多人从牛洞坪到龙会观山顶排成几十里的人海长梯，将数千片铁瓦一片一片传上山顶。传说寺庙建成以后，感动了上天，于是在一个黄昏，从天上飞来一口洪钟，落到了龙会观铁瓦寺庙的东面，由于东面地薄，承受不了洪钟的重量，洪钟不得不继续向西飞，最后落到了王家河的一块平地，也就是现在的落钟寺。

（三）犀牛塘

犀牛塘位于水池岭，海拔660米，传说犀牛曾在这里洗澡饮水而得名。该塘深约4米，水域面积2000余平方米，主要用于稻田灌溉。这里地势平坦，三面稻田环绕。

犀牛塘

说起犀牛塘，当地流传着一个美丽的传说。在傅家河的下游绝壁上有一个山洞，叫犀牛洞。传说，很久以前，在这个洞里，住着一头犀牛，这犀牛很有灵气，通人性。因为其长相怪异，怕出来吓着周围的山民，白天就待在洞里不出来，晚上出来吃草，遇上农耕的季节就帮助农户耕地。当稻田的秧苗栽上后，犀牛也吃秧苗，但奇怪的是它吃过的秧苗第二天早上又长了出来，而且长得更好。就这样，日复一日，年复一年，犀牛昼伏夜出，并在其常出没的地方踩出了72口堰塘。当地山民把它奉为神兽。

有一天晚上，犀牛正准备出来吃草，忽然接到龙王旨意，说西陵峡的泄滩出了水怪，祸害当地百姓，要犀牛前去镇守。犀牛接旨后，虽有万般不舍，也只能离开。于是，它悄悄地上路，一步一回头，向东而去。当走到犀牛塘的时候，犀牛下水洗了一个澡，然后上岸，回头望望天空的圆月，继续前行。犀牛一路东去，在山垭的一棵大树上擦了个痒，还把树擦弯了，然后直奔长江而去。犀牛走后，人们十分怀念它，就把这里叫作犀牛塘，也称犀牛望月，把犀牛擦痒的树叫弯腰树，把犀牛经过的一个屋场叫牛家屋场，把犀牛跳入长江的地方叫牛口。后来"牛口滩声"成为巴东的八大景之一。

白羊坪村
——鼓锣争鸣三百年

一、村落概况

白羊坪村，地处巴东县溪丘湾乡西北部，坐落在国家 5A 级旅游景区神农溪畔。海拔 170—600 米，东至宋家垭村，西至神农溪，南至绵竹峡，北至老君垭，全村面积 7.69 平方千米，距巴东县城 60 千米。

村落概貌

    白羊坪村气候宜人，四季分明，山清水秀，民风淳朴，物产丰富。千百年来，这里的人们日出而作、日落而息，过着与世无争的生活，深厚的地域文化孕育出独具特色的民族文化艺术瑰宝——堂戏、皮影戏、山民歌。2005 年，该村被恩施州人民政府评定为"民间文化生态保护区"，拥有省级首批非遗传承人谭绍康、谭文碧。谭文碧还被授予州级"民间艺术大师"称号。随着神农溪旅游业的不断发展，在历史长河中渐行渐远的纤夫文化得以重放光芒。白羊坪村堪称民间文化宝库，是一个令人神往、原始古朴的世外桃源。

    相传，这里有一群白色的神羊，被白虎所困，躲在地下白天不敢出来，晚上才出来在水井边喝水。当地村民发现它们不仅不损害庄稼，而且还保佑一方风调雨顺，后来才恍然大悟，原来这是一群神羊。于是，将这个地方取名白羊坪，那口神羊喝水的井叫香水井，与白羊坪村相对的白岩称作白虎头。

    走进白羊坪村，就仿佛走进了一幅田园画卷。在这里，人们可以感受都市之外、白云之下恬静的乡村之美，体验乡村生活。苞谷酒的烈性、土腊肉的芳香，让人垂涎欲滴；浓浓的乡情、袅袅的炊烟，让人如痴如醉。

柳儿场位于白羊坪村一组,是本村的制高点,也是村北门户。站在此处,可鸟瞰整个村庄,村内有冲有槽、有垴有坡,还有小平地,"两坪九弯十八垴"的景观尽收眼底,一览无遗。或依山或顺道而建的民居呈现在眼前。放眼望去,东南方向层峦叠嶂,"宜巴高速"巴东段镶嵌在对岸半山腰,蔚为壮观。西南方向,雄伟的神农溪高速大桥横跨风景优美的国家5A级旅游景区神农溪鹦鹉峡段。东北方向,隐约可见"巴巫公路"宋家垭路段。

小白羊坪即白羊坪村二组,是"两坪九弯十八垴"这一奇特自然景观中的一坪。三、四、五、六、七、十一组分布于白羊坪村东南部的洪家洞、三十六道拐、九层楼、鲁公岩屏立村南。十二、十三组分布于村西北部,沿松树包、鹰嘴石、罐包、黄家梁子,呈东北一西南走向直抵神农溪。

大白羊坪含八、九、十组,是本村的中轴,是村内最大的平地。东面是东坪居民点,旱井包、白虎头高高耸立。半山腰上,谢家湾一股山泉汩汩流淌,滋养着这方热土。西北面是西坪居民点,也是村委会办公楼所在地。这里有省级首批非遗传承人谭绍康、州级民间艺术大师谭文碧,虽然他们已年近八十,但仍奔走在非遗传承的路上。

白羊坪村辖13个村民小组,518户1592人,人口以土家族为主,占90%,其余为汉族。居民点23个,分别是白岩头、柏枝山、大白羊坪、东坪、荷叶垴、黄家梁子、磕膝包、刘家梁子、柳儿场、梅家湾、庙垭子、碾子坪、天灯包、外槽、弯腰树、王子垴、西坪、小白羊坪、姚盘水、椅子圈、章家垭、周家湾、朱家垭。

二、遗迹遗存

(一)茶马古道

白羊坪境内有一条古道,虽然早已不见往日的喧嚣与繁华,但光滑的青石板路依然能唤起人们对古道的记忆,让人追忆"惜者茶马路,通商古盐道,骡马嘶鸣惊黄鹂,长吟背夫调"的场景。这条古道自东向西贯穿白羊坪腹地,起于巴东老县城长江北岸,沿江边码头上曾家岭,过腰店子,下平阳坝,经绵竹峡上游至狮子垭达鲁班桥,拾级而上至八盘山祖师殿,经黄大鹏烈士故里五道垭,汇于白羊坪境内私盐溪,穿小白羊坪、大白羊坪直通沿渡河长峰。茶马古道在白羊坪境内有约5千米,其中约3千米已毁。

(二)四十八道门

白羊坪村东面山脚下,是一个近50户的居民点,称为东坪居民点。这里曾经坐落着一栋古建筑"四十八道门",该建筑建于清代,是一方乡绅谭毕道的私府,雕栏画栋,四合天井,远近闻名。

(三)香水井

提到香水井,就不能不提及老屋场、高瓦屋。老屋场、高瓦屋是白羊坪村较古老的居民点。现在,老屋场、高瓦屋已不复存在,但香水井却养育了从老屋场、高瓦屋走出的子孙后代。如今,香水井依然绿水盈盈。

清嘉庆年间,在谭氏老屋场曾出现"一屋三拔贡[①]"的美谈。武举谭斯虎有万夫之勇,在围剿白莲教时,战功赫赫,被御赐战戟,威名远振。自此,一方无匪事。其子谭贤道才高八斗、文采过人,被钦点为贡生,后任四川某地知县,因身体不适辞官回乡,安享晚年,御赐万民伞。膝下二子宗山、宗川。长子谭宗山本是拔贡,不幸中年病逝。次子谭宗川,因天资稍逊于谭宗山,一直在家打理家务。谭宗川为安慰父亲失子之痛,立志考取功名。他勤奋好学,废寝忘食,三年未将铺盖打开。天道酬勤,谭宗川也高中贡生。当地谭氏家族一直以谭宗川为楷模,鞭策后人。

---

① 拔贡:科举制度中选拔贡入国子监的生员的一种。

（四）绝壁悬棺

在白羊坪村西部的国家 5A 级旅游景区神农溪的神农峡段，有一座山峰叫鲁公岩，绝壁之上有一具裸露在外的悬棺。

据上海复旦大学、上海交通大学组成的中国岩棺协会的专家考证，它是土家族祖先古代巴人的一种葬仪，于春秋战国末期形成，距今已有 2000 多年历史。土家族有高葬者至孝的习俗，有诗曰："棺木为何悬此岩，秋风凄雨痛人怀。雪飞巫峡山戴孝，树动风声松举哀。春至百花呈奠礼，夜间明月照灵台，可怜你是谁家子，尸到如今尚未埋。"据考证，神农溪上有悬棺七具，两具外露，至今仍为神农溪未解之谜。

三、民间文化

（一）巴东堂戏

白羊坪村，因拥有独特的民间文化——堂戏，被恩施州政府列为"民间文化生态保护区"。巴东堂戏已被列入省级非物质文化遗产名录。

家住白羊坪村九组的谭文碧，是巴东堂戏的领军人物之一。这位年过花甲的老艺人，能唱 180 多个剧目，被称为巴东堂戏的"活化石"，是省级首批非遗传承人之一、恩施州"民间艺术大师"。30 多年前，为了自己钟爱的堂戏，谭文碧拜黄大国、黄大明两位老师傅为师，历经 10 多年，学会了《山伯访友》《借妻回门》《拦路招亲》等 10 多个堂戏剧本，掌握了堂戏中"生、旦、丑"的表演程式和伴奏乐器的演奏技巧。在谭文碧的带动和影响下，他家八兄弟有五个会演堂戏，他的长子也成了堂戏表演中唱、跳、伴奏乐器的得力骨干之一。

70 多岁的谭绍康是堂戏的另一位传承人，他是湖北省第一批非物质文化遗产传承人、恩施州民间文艺家协会常务理事，还曾任巴东县溪丘湾乡文化站站长。在文化站工作的近 20 年时间里，他收集整理出 80 多个堂戏剧本。2003 年，谭绍康退休后，又走乡串户，收集整理出多个堂戏新剧目，内容极为丰富，有反映孝道的，有劝人为善的，有规劝他人戒赌的，还有表现爱情生活的。

每场堂戏演出都鼓锣争鸣，歌舞相随，演者尽兴，看客叫绝，热闹非凡。

堂戏，属全国380个地方剧种之一，流传于巴东县神农溪一带。酷爱堂戏的巴东人，把它比作"神农溪上一朵跳动的浪花"。

国家5A级旅游景区神农溪的堂戏演出

堂戏的起源有两种。一说，源于唐朝。薛刚[①]大闹花灯闯祸后，避难于神农架，他编歌唱戏，娱乐将士，后来便在与神农架相邻的巴东江北一带流传开来，逐步形成了一种风格独特而富有地方色彩的剧种，有"堂戏即唐戏"之说。另一说，源于清乾隆元年（1736年），川剧艺人钟德和流落至平阳坝、沿渡河、罗溪坝一带，将川剧传授于巴东民间艺人周怀德、周怀祥等人，实现了川剧与当地花灯等民间小调的融合，堂戏由此逐步发展而成，因此又有"堂戏三百年"之说。

---

① 薛刚是唐朝名将薛仁贵的孙子，生性好打抱不平，好惹事。因元宵节打死太子，闯下大祸，流亡在外。

农家演出的堂戏

堂戏特点十分突出,有完整的故事情节,表演程式也颇为讲究。开演前,奏闹台锣鼓,小旦献画,小丑"打加官",跳"天官赐福"。开演时,生角或丑角先上场,称为"书生先打台"。凡角色上场必先亮相再走步(生角三步半,旦角七步半)至台口"自报家门",即"引"两句,接"诗"四句(称为"定场诗");表演中,小丑身段"三节头",小生"龙形虎步",小旦"甩的兰花手,边鱼游上水,脚踩半边月,绕的'绒线扒(即8字形)'";演唱时,演员先"叫板"和做手势,提示乐队。剧终时,其结束语为诗四句(下场诗)。

堂戏作为巴东民间的文化瑰宝,一直备受关注。

1956年,巴东堂戏《二堂释放》被特邀参加湖北省首届戏曲观摩演出。

1960年,堂戏《赶工》荣获恩施地区文艺汇演演出奖。

2004年10月,巴东民间戏剧演出队应邀赴京在"中法文化年"演出堂戏。

2017年11月27日晚,巴东现代堂戏《金葫芦》在武汉市人民剧院大舞台闪亮登场。在场的戏剧专家赞不绝口,惊叹这一剧种接地气,贴近生活,通俗易懂,真实反映了人民群众的喜怒哀乐。

(二)皮影戏

皮影戏在白羊坪一带又称"皮褡褡"或"皮影子",流行于巴东县长江以北的神农溪地区。省级首批非遗传承人、恩施州首届"民间艺术大师"、家住白羊坪九组的谭文碧,既是堂戏的领军人物之一,也是皮影戏的传承人。

受地理位置和人文环境因素影响,巴东皮影戏不同于我省江汉平原的皮影戏,二者最显著的区别在于唱腔和曲牌。江汉平原地处荆楚腹地,素有"鱼米之乡"的美誉,其皮影艺术的表演风格融入了当地的渔鼓腔、汉剧、楚剧、花鼓戏等唱腔。巴东皮影戏以巴东堂戏的"小筒子"唱腔(南路、北路)和"唢呐腔"为主(部分区域也流行"大筒子"腔),曲牌有北路的"导板""一字""二流""扣板""高腔""茶调子",南路的"导板""一字""二流""香罗带""七句半"等,唱词多为七字句、十字句。很多民间艺人既会演堂戏又会表演皮影戏,因此,在民间,巴东皮影戏和巴东堂戏有着"孪生兄妹"之称。在长期的发展与演化过程中,巴东皮影戏的音乐唱腔吸收了本地的民间山歌小调、薅草锣鼓等音乐的精华,其表演风格有着明显的地域文化特色。

皮影戏演出

巴东皮影戏的表演以巴东方言为主，对白幽默风趣，非常口语化，内容通俗易懂。演出班子一般由四人组成（也有三人或五人），演出时，职责分工明确，负责举"皮影子"表演的艺人，被称之为"拦门"（又称为"拦门打签"或"提影子"），负责音乐伴奏的艺人被分为"文场"和"武场"两部分，文场乐器主要以京胡、二胡、唢呐为主，武场乐器主要以锣、梆子、边鼓、钹等民间打击乐器为主。皮影戏艺人演出时还要根据剧情的需要，参与故事情节的对白、说唱和主唱等。巴东皮影戏的常演剧目大多为传统古装戏，其经典传统演出剧目有《薛仁贵征东》《薛刚反唐》《穆柯寨》《穆柯寨招亲》《秦母祝寿》《三下南唐》《九焰山》《摩天岭》《双富贵》《满堂红》《满门贤》《五子贵》《东吴招亲》等。据老艺人讲，过去皮影戏的表演没有专门的剧本，只有一个"杠子"（意为"提纲"），表演者根据"杠子"的内容，由师傅口传心授，逐渐形成剧本。后来，经过著名皮影戏艺人李有海的整理，"李有海版"手写剧本全套（包含常演剧目330折）在民间流传。

彩色皮影

巴东皮影戏的"皮影子"多用牛皮制作,由皮影艺人手工刻制而成,"生、旦、净、丑"角色神形兼备,栩栩如生。由于制作工艺的限制,早期的巴东"皮影子"多以黑白为主,后经省级首批非物质文化遗产传承人谭绍康长期研究,将黑白皮影改为彩色皮影,并变单臂为双臂。

在白羊坪村及巴东广大的农村地区,只要主人家请,或是哪儿有喜事、大事,都会有皮影戏班的演出。由于请戏班演出的费用并不高,所以皮影戏在农村非常受欢迎。

巴东皮影戏是我国皮影戏艺术体系中一支不可忽略的分支流派,其遗存的300多个剧目具有很高的欣赏和研究价值。巴东皮影戏汇集了多元的地方民间文化艺术元素,唱腔和曲牌极具地方特色,其口头文学艺术是巴东历史文化的缩影和真实的写照,对三峡地区传统戏剧的发展有着重大影响,具有社会历史文化价值。巴东皮影戏是三峡地区传统文化的突出表现形式,是研究长江中上游及三峡流域民族学、民俗学最重要的文化遗产。

巴东皮影戏已被列入第五批省级非物质文化遗产名录。

皮影戏演出画面

四、自然景观

（一）千年古柏

"茶马古道"白羊坪段的入口庙垭子处，有一棵需4人环抱的千年古柏树。树高30余米。虬枝盘绕，苍劲奇崛。古柏虽然历经沧桑，饱经风霜，却依然郁郁葱葱。

（二）天鹅抱蛋

在大白羊坪的中心，矗立着一座百余米高的山包，名叫"团包"，是白羊坪村的中心。整个团包，好像用硕大的圆规画出来一样圆。神奇的是，这个山包为疏松的沙土结构，无一点岩石，四面群山环拱。当地人给这个山包取了一个好听的名字，叫"天鹅抱蛋"。数十户民居环绕在团包周围，恬静而祥和。

"天鹅抱蛋"

（三）白虎头

白羊坪村东南角的白岩头又称白虎头，因其状极像猛虎，山顶那片白岩好似猛虎张开的血盆大口而得名。仰视它，耳旁仿佛萦绕着猛虎的长啸声。千百年来，白虎头盘踞于此，守望着这片土地。传说，白羊坪那群白色神羊就是被白虎困在这里的。

（四）绵竹峡

地处白羊坪村神农溪景区的绵竹峡，因两岸生长着茂盛的绵竹而得名。绵竹峡景观奇特，以险著称。峡谷葱郁幽深，为罕见的远古地质构造运动遗迹。两岸峰岩夹峙，层次分明，壁立千仞。山巅岩壁多洞穴，洞穴外大多有残垣断壁或小石干垒遗迹。经考证，这些洞穴为当地先民居住过的遗址。岩壁间的石笋、石幔形态千奇百怪，似从天而降。峡谷最宽处达二三百米，最窄处不足五米。

三峡大坝蓄水后的绵竹峡

五、人物写真

（一）谭文碧：一生钟爱堂戏、皮影戏

今年 70 多岁的谭文碧有一手"提影子"演"皮褡褡"的绝活，在州、县、乡组织的大小比赛中多次获奖。从 2003 年被州政府授予"民间艺术大师"称号起，谭文碧深知自己作为土家皮影戏和堂戏的传人，责任重大。几十年来，他一直守护着自己钟爱的堂戏和皮影戏。

谭文碧起初并不是演堂戏的。30 多年前，他半路出家学唱堂戏，师从老艺人黄大国、黄大明两兄弟。只读过两年私塾的他，自知文化底子不足，平时跟着师傅演出，农闲时就将两位老艺人请到家里学唱腔和表演，很快就学会了《山伯访友》《借妻回门》《王二庚打妆》《伐木送友》《拦路招亲》等 10 多个堂戏剧目，不仅掌握了堂戏中生、旦、净、丑的表演诀窍和乐器伴奏的技能，还带动其兄弟谭文义、谭文山、谭文党 3 人加入了堂戏演出队伍。

谭文碧

堂戏表演熟练之后，39 岁时，谭文碧又开始苦攻皮影戏表演。当地群众有一次从重庆巫山请来了一个皮影戏班子，在村里唱了 3 天皮影戏，谭文碧就看了 3 天，戏班子走时，他也跟着戏班走，最后班主收他做了徒弟。别人学皮影戏要三四年，谭文碧只用了四个多月。回家后，他买了 3 张牛皮，自己做起皮影戏道具，开始了皮影戏的演出生涯。随后，他又将这门表演艺术传给了 3 位

兄弟，并整理出近10万字的皮影戏剧目资料。聊起这些往事，谭文碧满脸欣慰："不管是堂戏还是皮影戏，我们不光在本村演，还经常被请到邻近的沿渡河、重庆巫山、神农架等地演出。20世纪80年代初，每年都要表演200多场。"他自豪地说："俗话说'牛皮不是吹破的，皮影戏的牛皮都是看破的'我这一辈子，牛皮用了三四十张，道具都是演戏演坏了的，老百姓喜欢看啊！"由于演出的场数太多，用牛皮做的道具换了多少套，谭文碧自己也记不清了。

家乡方圆100多千米的地方，谭文碧都去唱过戏。哪家有喜事，都会请谭文碧的皮影戏班子，谭文碧成了巴东的"明星"。

在当地流行数百年的皮影戏一直是单臂、黑白的。谭文碧在谭绍康的指导和支持下，大胆对皮影戏进行改革，变单臂为双臂，变黑白为彩色，变古装戏为现代戏，并先后演出了劝人戒赌和宣传计划生育政策等小戏，这些戏虽短却十分耐看，现在都成了皮影戏演出的开场剧目。村里的老百姓也把谭文碧和他的皮影戏班子称为"影子剧团""背篓剧团"。

如今，家家户户都有了电视机，请他演出的人慢慢变少。"我还是在巴东首届艺术节上过足了一回戏瘾的，"谭文碧说，"皮影戏和堂戏已流传了这么多年，我实在不愿看到这两个剧种后继无人。"谭文碧曾强迫儿子学皮影戏，可儿子宁愿外出打工，也不愿学。谭文碧也曾和谭绍康试着在当地中小学中培养一批堂戏小传人，但那也只是学校为了节日表演临时安排的。虽然溪丘湾乡白羊坪一带已有几个像样的皮影戏班子，但看皮影戏的人少之又少，只有谭文碧仍在坚守。他相信，终有一天，人们会离不开皮影戏和堂戏的。当地政府和上级主管部门非常关心他们这些老艺人，给予他们很高的荣誉，而他现在最大的心愿是重组一个像样的堂戏班子，在节庆期间进行义务表演，把堂戏和皮影戏表演录成光碟保存下来。

（二）谭绍康：痴迷非遗情未了

"说溪丘哟喂，唱溪丘哟，溪丘老区是个好地方哟，山上那个药材松柏杉哟，山腰里桑蚕桐木茶，山脚下柑橘哟，茉莉花飘香，啊……啊……我说溪丘老区是个好地方哟，好——地——方——哟！"

这是谭绍康作词、谱曲并演唱，在巴东县溪丘湾乡风靡一时的歌谣。谭绍康是乡文化站退休干部，是湖北省首批非物质文化遗产传承人，先后获得全省文化先进工作者、全省优秀文化站长等荣誉。

谭绍康的家乡在长江北岸神农架山脚下的神农溪岸边。静流之畔，这位72岁的老人用30余年时光默默守护着巴东民间文化。

自幼在神农溪边玩耍，谭绍康是听着薅草锣鼓、民间小调，看着皮影戏长大的，虽然一直爱好山歌、戏曲，但真正与山歌、戏曲结缘，还是在他35岁那年。

当年，除了露天电影，山民们几乎没有其他文化活动，谭绍康就给县文化局打报告，希望把老百姓组织起来演戏。皮影戏深受山区群众的喜爱，但因演出班子没有固定收入、部分老艺人离世等原因，皮影和堂戏队伍逐渐减少。

为了使民间文化不失传断代，多年来，谭绍康对堂戏、皮影戏这些民间传统节目进行改革创新，改黑白皮影为彩色皮影，制作现代皮影，唱现代戏；对传统剧目进行梳理和改编，创作现代戏9个，并把堂戏单一的音乐伴奏变为和声伴奏；同时他还让堂戏走进校园，先后辅导学生138人学唱堂戏。

他登门拜访巴东堂戏老艺人黄大国，并组建起第一支巴东堂戏表演队。皮影戏表演没有场地，他就把戏班带到自己家，边排练演出，边搜集散佚的唱本，终于，销声匿迹十几年的皮影戏终于又和乡亲们见面了，从此，冷清的文化站开始热闹起来，堂戏队、皮影队，也从当初的一两支队伍发展到如今的18支。

在谭绍康等人的努力下，溪丘湾乡先后于1995年、2007年被授予"湖北省民间文化艺术之乡"称号。2009年，该乡被文化和旅游部授予"中国民间文化艺术之乡"称号。

2004年，谭绍康正式退休，然而，他退而不休。

这些年来，谭绍康身上一直揣着一个宝贝——复读机，这是他收集山民歌时的必备工具，他先将那些民间艺人所唱的歌曲用复读机录下来，然后边听边谱上曲子。

谭绍康说："从 2004 年 6 月起，我就开始收集整理，确实遇到了很多困难。第一，唱山民歌的人太少了，我跑遍了神农溪流域，找到一些会唱山民歌的人，他们的第一反应是这些歌是封建下流的，不能唱也不敢唱，怕追究责任。第二，许多人有误解，以为我要把这些歌弄去卖钱，于是不唱。"

2004 年到 2010 年，历经 6 年，谭绍康走遍了神农溪流域的每一个寨子，东至秭归、兴山，西抵重庆巫山，北达神农架林区，南至长江北岸，收集整理了山歌 539 首、小调 154 首、婚嫁歌 10 种、丧歌 112 种；采集巴东堂戏剧目 55 个，并分类结集出版，完成《呼唤神农溪》三部曲。近年来，他又开始走村串户，采集到神话、人物、地方、动物、植物、风俗、生活、笑话、诗联等 9 类 400 多个民间故事，其地域特色和民族特色浓郁，具有极高的文化价值。目前他整理的《梦唤神农溪——民间故事》已定稿付梓。全书 3000 多页稿纸、330 余万字，全部由谭绍康手写完成，因长期伏案写作，这位 74 岁的老人，右手指关节已严重起茧变形，眼睛也开始模糊不清。

身为湖北省首批非物质文化遗产传承人，他说他要继续和时间赛跑，"巴东还有很多民间故事、皮影戏，要把文化遗产'抢'出来"。

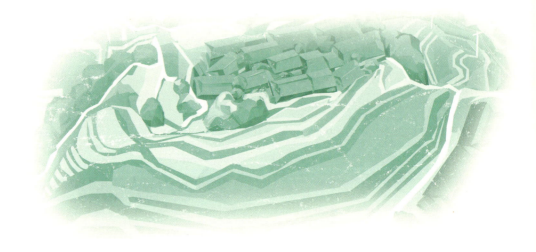

石板坪村
——纤夫号子撼山野

一、村落概况

石板坪村位于沿渡河镇西北部,东临茅田村,南连高岩村,西接茅坪村,北抵官田村,距离集镇7千米,是国家5A级旅游景区神农溪的核心区域。辖区面积14.1平方千米,森林覆盖率78%。全村观辖7个村民小组和6个居民点,

村落概貌

分别是石板坪、红石梁、龙潭、刺窝、徐家湾、杨家湾。

相传，很久以前，这里有一座大山崩塌成一块平地，后经雨水冲洗，就成了一块光滑平整的大石板，石板坪因此而得名。长年不断的溪流、雄奇险峻的大山、宽阔的大石板，还有各种各样的神话传说为石板坪村蒙上了一层神秘面纱。从民国年间这里就流传着"金银对金桌，金狮对铜锣"的传说。

石板坪村是国家5A级旅游景区神农溪的组成部分。神农溪中下游的纤夫文化在这里得到开发。神农溪纤夫、纤夫文化成为"秘境巴东"一道亮丽的风景。如今，神农溪纤夫号子已唱响纽约时代广场。纤夫文化走廊、纤夫文化景观带，让人流连忘返。辖区内的水文站也已成为省级重要水文站和三峡水利枢纽水库站。

石板坪村由于人口少、耕地少、林地大，大多数村民散居在山中，历史上以狩猎为主要生活来源。神农溪边的村民多以打鱼为生，兼营水上木船运输。改革开放后，散居山上的农户大多搬迁到神农溪边的公路旁，主要从事旅游业，部分人外出打工。

截至2019年12月，石板坪村有221户591人，村民以谭、费、陈、胡姓为主，土家族约 200 人，占总人口的 34%。

二、村落民俗

（一）节日习俗

1. 过年

当地过年从腊月二十四开始，至正月十五结束。腊月二十四过小年，要接祖先回家，以后每日早晚要上灯、焚香。腊月三十日过大年，照例先祭奠供奉祖先，然后全家吃团年饭。傍晚，户户贴春联、门神、挂签，忌人来讨债。除夕之夜，家家灯光灼灼，炉火熊熊。夜半后，户主备祭品，出门对天拜祭，名曰"出方"。青年人围坐在火炉旁，谈笑嬉戏，彻夜不眠，名曰"守岁"。老人睡觉，名曰"纳福"，纳福前要给晚辈压岁钱。新年正月初一清晨，焚香、烧纸、放鞭炮。全家老幼拜祖先后，再拜长辈，与平辈作揖，互相祝福。

早餐习惯吃"抓钱手"（鸡爪、鸭爪）和"元宝"（鸡蛋）或吃面条。拜年的第一家要人财两旺，且不能戴孝。然后，逐家给乡邻拜年。

2. 元宵节

正月十五为元宵节，有出门赏月、燃灯放烟花、猜灯谜、吃元宵等活动，并会进行耍龙灯、耍狮子、踩高跷、划旱船等传统民俗表演。

3. 端午节

端午又称端阳，农历五月初五为小端阳，五月十五为大端阳。这一天，家家门前挂艾枝，于阴暗处放鞭炮，给儿童额前、耳后擦雄黄酒，小孩佩戴布制小猴荷包，以示驱虫避邪。

4. 中秋节

农历八月十五夜，以石榴、柿饼、梨子、栗子、月饼等祭品供月神，谓赏月。当地有"摸秋"习俗，即把偷摘的南瓜送给不育妇女或想要生育的妇女，据说可生儿育女。

（二）婚丧嫁娶

1. 嫁娶

嫁娶有托媒、喝准盅、请（谢）媒、过礼（送彩礼）、报日子、迎亲等环节。

2. 丧葬

老人临终，家人在旁守候，谓"送终"。死后烧纸钱，谓"烧落气纸"。骨肉亲友未到齐，不可入殓、封棺。亲友搭白布袱，谓"带孝"。出殡时，孝子扶棺，眷属在后，护送"上山"。葬后连续三天要到坟前"送亮"（燃灯），每七天"应七"（烧香、纸，供饭），家里安放纸扎灵屋，男居左，女居右，内放逝者灵位，一般第五个七天烧掉灵屋、灵位，谓"除灵"。有的满七（第49天）或周年"除灵"，亦有供三年才除灵者。每年逢逝者去世之日，要供"忌日"。丧家过年第一年贴白对联，第二年贴黄对联，第三年贴绿对联，三年孝满才贴红对联。

（三）水神崇拜

石板坪村村民沿水而居，自古以来就是靠水吃水，靠打鱼、驾船等维生。在蓄水以前，河流水势湍急，多险滩暗礁，船只经常出现安全事故，特别是在汛期，无论是在水上谋生的人还是两岸居民，都深受其害。于是当地便出现了水神崇拜，人们在岸边修建龙王庙，希望水神、龙王等能够保佑平安，保佑风调雨顺。

三、民间文化

（一）山村歌谣

石板坪村比较有代表性的民间歌谣有山歌、小调、号子等。

1. 山歌

山歌最为普及，无论男女老小，几乎人人歌不离口。其歌唱形式有独喊独唱、两两对唱或一问一答。歌词句式多七字四句或五句、连八句，被称为"四句子""五句子"和"连八句"山歌。山歌的腔调主要有平腔和低腔。平腔旋律平稳,用于对唱;低腔音调柔和,旋律婉转,多为妇女低声轻唱,用于叙事和抒情。对唱采用平腔时,出现"一喊一穿"式,"喊"就是在室外唱,"穿"就是在室内轻声唱,因此,唱山歌被称为"喊山歌"。喊高腔山歌时,男声用假嗓子唱,女声用真嗓子唱,演唱时歌声就会显得粗犷而悠扬。

山歌所唱内容较广泛,涉及生产、生活、自然,用唱抒发感情。如《这山望到那山高》这首五句子砍柴山歌中唱道:

这山望到那山高,望见妹子打柴烧;没得柴来我来砍,没得水吃我来挑,莫把妹妹累成痨。

又如《要种粮食把田开》中歌词是:

要吃龙胆下大海,要种粮食把田开……

山歌中,情歌占绝大多数,情歌在歌词内容上一般真实生动地反映青年男女互相爱恋的感情。如:

板栗开花一条线,去年想姐到今年;去年想姐也还好,今年想姐难种田,刀割心肝过一年。

另一首是:

欠郎欠得心里疼,手握笔杆画他身,把画挂在红罗帐,夜夜与他来谈心,画是假的情是真。

情歌的歌词多为七字的四句组段,也有不少由五句组成的五句子山歌。其内容较广泛,有表达思念、爱慕之情的,有搞笑的,也有吐露离别之情的……歌词语言质朴、含蓄深沉,运用夸张、比兴手法。石板坪有首情歌,歌词是:

郎在高山学鸟叫,妹在田中把手招;爹娘问女做什么,风吹头发用手捞(liāo)。

另一首五句子情歌歌词是:

郎在田里插谷秧,姐在河边洗衣裳;插一柱谷秧望下姐,洗一下衣裳望下郎,下下捶在石板上。

还有一首写离别心情的:

送郎送到蓼叶湾，姐郎相随大半天，风吹蓼叶往上翻，好似乱刀剜心肝。

这些情歌歌词使用了比兴手法，歌词中表达的情感含蓄深沉。情歌的音乐旋律也有独到之处，情歌主要是抒情，因而音乐旋律较婉转，声腔带滑音，拖腔较长。唱腔有高腔和平腔两种，前者调门高用假嗓子唱，后者则用低嗓门唱。男声唱时常出现颤音。

2. 小调

小调是石板坪村人敞开心扉，抒发心中感触的抒情歌谣。在音调旋律上婉转优美，适合在室内演唱。每当亲友围坐在一起撕苞谷壳叶、制茶选芽、做针线活时，多唱小调以愉情交心。小调在唱词内容上也较广泛，如吐露心情时唱《十绣》《十杯酒》《十月怀胎》《十月交情》《十想》；互相谈心时唱《十解》《十劝》《十杯酒》；沉闷时唱《叹五更》《门口一个堰》；寻开心时唱《啄木倌》《好吃歌》《拐子歌》《雀儿歌》以排解心中烦闷，等等。小调一般歌曲简短，唱段重复，节奏感强，音调较低，具有乡土气息和民族特色。

3. 纤夫号子

神农溪纤夫号子又名"峡江纤夫号子""船工号子""桡夫子号子"，是纤夫拉船时唱的劳动号子，也是神农溪一带最有影响力的文化形态。纤夫号子有领唱和齐唱，也有配有歌词的领唱和合唱。

号子领唱或合唱，激昂、高亢、豪迈、哀怨交替出现，既是一种呐喊，也是一种叹息。纤夫号子高亢铿锵，急促有力，节奏紧凑，衬词多于唱词，以摇橹、拉纤数板为主，由"拖杠""出艄""捉缆""推桡"等号子组成。具体为：船离岸和靠岸需用杠子撑船时就喊"拖杠号子"，听家子（驾长）指挥；船离岸、靠岸、过滩时需急转弯，需要艄帮助舵扭转方向，就喊"出艄号子"；船过险滩时，拉纤力量不足，就把一条纤缆拴在岸边的石头上，其他纤夫协助拉纤前进时，便喊"捉缆号子"；船摇橹前进时喊"摇橹号子"，推桡时喊"推桡号子"，在平水中可唱内容诙谐的数板；需要风力时，就喊"掌力号子"；需拉纤时，就喊"拉纤号子"。拉纤时水流愈急，号子便喊得愈紧，扣人心弦。

逆流拉纤

如果"神驳子①"需要通过滩头，就喊"上滩号子"；过激流险滩，需要船员向后拉纤（吊纤），就喊"吊船号子"；风平浪静时就喊"平水号子"；需要推桡时就喊"推桡号子"。神农溪纤夫号子与长江纤夫号子虽有相似的音调和音型，但也有自己独特的风格，即声调高亢嘹亮，节奏舒缓，旋律优美，具有浓郁的山（民）歌特色。

纤夫号子在调式上以五声徵、羽调式为主，六声、七声调式虽少，但非常有特点。在乐句终结音的使用上，除遵循一般的调式五度音、四度音对主音的支持这一规律外，纤夫们还有许多独特的创造。比如有的号子始终有一乐句终止在调式主音上，有的所有乐句都围绕调式五级音或四级音进行，旋律或句读处主音极少出现，只在最后一句才结束到主音上，使前部分曲调带有较大的不稳定性，促进音乐向前发展。还有的羽调式号子强调调式三级音，而不是四、

---

① "神驳子"指木船。

五级音对主音的支持。在七声调式的号子中，有的乐句终止在偏音 fa 上，形成一种特殊的感情色彩。由于纤夫号子表达感情和内容的需要，调式交替、转调等手法也被广泛应用。纤夫号子的句式主要有两句式、四句式和五句式。两句式由两个乐句构成，在纤夫号子中比较常见。还有一种号子，上、下两句各有两个小分句，曲调往往是上、下两句的反复。四句式由四个乐句构成，其中二、四两句基本相同，一、三两句也基本相同，形成了起、承、转、合的结构形式。五句式由五乐句构成，其中有的一、四句或二、五句基本相同；有的一、四句相同，中间加衬词；也有的词为四句而曲为五句，用衬词作为第五句结束。此外，纤夫号子中还有一种较为独特的曲式结构，即一句唱词用一个乐句，采用衬词来补充、重复，发展成五个乐句式结构。加入衬词是神龙溪纤夫号子的一大特色，即在曲首或曲中加入某些带有特定寓意的衬词、衬句，给整首号子增添了饱满的激情和地方特色，成为峡江纤夫号子曲式结构中不可或缺的一个重要组成部分。

在节拍上，神农溪纤夫号子的节拍不仅限于 2/4 和 4/4 两种，还有 3/4 和 1/4 以及散板，这几种不同节拍的混合运用，使纤夫号子形成了独具特色的音乐风格。

神龙溪纤夫号子的演唱，既有当地的山（民）歌演唱技巧，又有自己的独特风格。许多号子手为了把声音传得更远，使感情表达得更加充分，还常常兼用一种音调极高的假声。这种真、假嗓兼用的方法不仅丰富了纤夫号子的呼喊技巧，对当地的山（民）歌也产生了极大影响。如流传在神农溪两岸的巴东堂戏中的梢板，就是借鉴了纤夫号子的音乐元素和演唱风格。

（二）石板坪堂戏

堂戏历史悠久，关于它的起源有很多说法。有一种说法是堂戏始于唐代，故又称"唐戏"，流行于巴东县长江以北的神农溪流域和附近区域，其本源是巴东民间歌舞"花鼓子"。男、女演员各一名在堂屋大方桌上绕四角踩碎步（三步半）

而舞,唱"花鼓调",后来在地面稿荐稻草或竹篾编的垫子上表演,又称"稿荐戏",因平时多在堂屋内表演,故又称"堂戏"。

堂戏演出

堂戏,在石板坪当地被称为"踩堂戏",由民俗中敬神还愿和吉庆娱乐的"跳花鼓子"与"薅草锣鼓"以及民间舞蹈结合而成,并广泛吸收流传于巴东的梁山调、湖北越调、太和调、楚调及川剧、南剧等诸多戏曲形式。

堂戏的表演特点是碎步踩踏。堂戏的声腔由大、小筒子腔及少量杂腔、小调构成,以巴东江北方言行腔和道白,有独特的表演程式,其语音声调为阴平、阳平、上声、去声,唱词韵辙为十三个半(其半韵为"儿"韵)。传统戏班七至九人,戏班有戏箱一口,内装服装、乐器及小道具。其代表剧目有《王麻子打妆》《劝夫》《海棠花》《送寒衣》《山伯访友》《月下叹功》等。

堂戏的剧目大多是传统的古装戏,也有民间艺人自编自演的反映民间生活的现代戏。其唱腔调门很高,音域宽广,旋律起伏大,节奏有快有慢,拖腔很长。由于调门高,歌手多用假嗓演唱。演奏的乐器也较简单,有锣、鼓、竹板、二胡,曲谱较单调。演唱风格具有鲜明的地方特色和浓厚的乡土气息。

堂戏有取材于民间传说和历史故事两个方面的剧目，特别是歌颂忠臣良将，伸张大义灭亲，追求个性解放以及婚姻自由等内容的传统剧目比较多。以"杨花柳"为主腔音乐的花戏有《滚花灯》《南山捡子》《磨坊产子》《艾舅子挎包》《王容卖货》《马宗讨封》《丁痴子讨亲》《秀英洗裙》《蠢子回门》等。以"太和调"为主腔音乐兼有"杨花柳"唱腔的正戏有《四将争亲》《辕门斩子》《陈世美不认前妻》《杀四门》《走马荐葛》《徐庶过江》《唐僧出世》《明王天子游夏国》《夏举人上京求名》《生死牌》《正德孵封》《董永招亲》《平贵回窑》，以及现代戏《三世仇》《白毛女》《红色娘子军》《冷妈妈坐水牢》《张士发帮工》《铁牛进山》等。

石板坪堂戏从来不在室外演出，舞台布置也比较简单。只需在农舍堂中用门板搭起戏台（也有不搭台的），挂上一块被单大小的布作底幕，右侧放上一张桌子（伴奏使用），即可演出。

（三）民间器乐

石板坪民间吹打乐分两类：一类是打击器乐，另一类是吹奏器乐。两者用不同的乐器，演奏出不同音响、不同曲调的乐曲，为民间歌曲、民间舞蹈伴奏。

1.打击乐

乐器一般为大锣、小锣、钹和鼓四大件。小锣中有巴锣和勾锣，钹有头钹和二钹之分，打击乐器所演奏的曲牌有"广调子"和"穿调子"。在这两种曲牌里又派生出一些小曲牌，如"广调子"的小曲牌有"辽子""一环""二环""三环""凤点头""龙摆尾""狗钻洞""坐丁丁""飞丁丁""三四""功车""半边月""燕儿翅""错错儿"等多种。在演奏"穿调子"曲牌时，也有固定程式，其口诀次序是：一飞（白鹤飞）、二扑（扑灯蛾）、三月（半边月）、四蝶（蝴蝶飞）、五绣（红绣鞋）、六环（坠耳环）、七扯（大扯钻）、八拉（小扯钻）、九牛（牛搔痒）、十红（状元红）。近些年，巴东江北民间艺人还在"穿调子"中改用曲牌"牛洞尾""大元元""满天飞""猴子翻筋斗""麻雀闹林""安花儿""双凤朝阳""小元元""蓑衣披""门鼓""小麻雀闹街""杀四门"等曲牌。

2.吹奏乐

除打击乐器伴奏外，民间歌舞或戏曲中也用到吹奏乐器，在农村最常见的就是唢呐。它音域广，乐音纯正、高亢，能从打击乐器的敲打声中突显出来，因而成为吹奏乐器中的佼佼者。

唢呐的吹奏曲牌也较多，主要有"德山调""将军调""跑马调""青龙调""节节高""刮地风""旱路""过街调""女哭娘""大开门""凤凰展翅""观音扫店"等曲牌。当地人在结婚迎亲路上，喜吹欢快的"节节高"；在送亲时，喜吹感情深沉的"女哭娘"；土家族人尤喜吹奏热闹的"大开门""旱路"和"迎客调"；办丧事时，则吹"龙青调""过街调""德山调"和"丧鼓板"等；春节期间玩花灯，则吹奏欢快高昂的"茶调"和"倒四印调"。

红白喜事时，唢呐总少不了。结婚时，用唢呐双吹（即有打击乐器同奏），所用的曲牌有"迎客调"等。办丧事时，则采用单吹唢呐奏曲。

唢呐的吹奏曲牌大多来源于本地的民歌，如"探郎"就来自民歌《双探妹》《单探妹》等。除巴东县南土家族聚居地的"丧鼓板"外，当地的唢呐节拍均为二拍子。曲牌多为徵调式，其次为宫、商调式。在吹奏唢呐时，南部和北部的演奏技巧不同：巴东县北部的特点是带颤音和吐气音，南部用吐气音。

（四）歇后语

歇后语是人民群众在生活实践中创造的一种特殊语言形式，是一种短小、风趣、形象的语句。一般由前后两部分组成：前一部分起"引子"作用，像谜面；后一部分起"后衬"的作用，像谜底，十分自然贴切。通常说出前半截，就可以领会和猜出它的本意，所以称为歇后语。石板坪村民常说的歇后语很多，现记录部分。

猪八戒照镜子——里外不是人

仙花不开花——装蒜

秃子打伞——无法无天（无发无天）

大水冲走土地庙——留神（流神）

耕地里甩鞭子——吹牛（催牛）

老和尚住山洞——没事（没寺）

火烧旗杆——长叹（长炭）

篙莲子包丝烟——粗中有细

老母鸡抱空窝——不简单（不见蛋）

墙上栽菜——无缘（无园）

扇着扇子说话——疯言疯语（风言风语）

小碗儿吃饭——靠天（靠添）

按着牛头喝水——勉强不得

挨鞭子不挨棍子——吃软不吃硬

矮子上楼梯——步步高升

巴掌穿鞋——行不通

芭蕉叶上垒鸟窝——好景不长

孕妇走独木桥——铤而走险（挺而走险）

四、自然景观

（一）神农溪纤夫文化走廊

神农溪原为自然河道，在石板坪村一带相对开阔。三峡水库蓄水后，水位上升，当地对神农溪进行了延伸开发，在石板坪村一带整理河道，顺神龙溪打造了纤夫文化走廊，按照纤夫文化景观带、入口综合服务区、纤夫文化体验区、峡谷健身度假区、民俗演艺观光区"一带四区"的空间结构进行布局，成为国家5A级旅游景区神农溪的核心地段。项目的建成，带动了当地餐饮、住宿、购物、绿色蔬菜、中草药、土特产等产业的发展。

在纤夫文化走廊中，尚存一座修复的老水车。

神农溪纤夫文化走廊一角

老水车

（二）鱼泉河瀑布

鱼泉河瀑布位于神农溪上游的右岸，因其源于南山一洞穴，洞穴内有鱼而得名。

鱼泉河瀑布

瀑布泉水向东流70米后，从一岩坎上急剧垂直下跌，坠入神农溪中，落差高达百余米，丰水和枯水季节，瀑布水量、宽幅变化较大，丰水期水量增大，瀑布下部宽幅达18米，如银水飞泻而下，水雾蒙蒙，珠玑四溅，气势磅礴，其声震耳，极为壮观，过往行人无不停步观赏叫绝。冬季枯水期瀑布下部宽幅约3米，水声潺潺，飘然而下，近观犹如一串串珍珠，顺岩壁滚落，源源不绝。在瀑布北侧岩根，亦有洞穴，有很多寸长小鱼随泉水从洞中流出，故名鱼泉洞。食之味美，是远近闻名的风味菜肴。

（三）神农洞

神农洞相传为中华民族的祖先——神农氏顺溪而上，搭架采药居住过的洞穴。洞口高5米，进洞向北斜下至洞底200余米，有水池平静如镜，传说为神农氏当年的洗药池。洞内冬暖夏凉，高大宽阔，是典型的石灰岩地貌，洞壁间的石笋、石柱、石花形态各异，洞顶有倒垂的石屏、石幔。其中神农晾药台、制药处、炼丹房栩栩如生，漫步其中，仿佛走在历史的长河里，无不令人生发怀古幽思之情。

（四）神农温泉

神农温泉发源于神农架山麓一石洞内，洞口面积约1平方米，泉水从岩石洞中涌出，其日流量1728立方米，水温34℃，且四季恒温。传说，古代神农氏（炎帝）曾在此用温泉洗浴，并用温泉水治愈过多种疾病，后来在这里洗浴的人络绎不绝，神农温泉也就因此得名。温泉一年四季热气蒸腾，花草茂盛。泉池中倒映着幽蓝的天光和苍翠的山色，景色优雅迷人。

（五）夫妻树

石板坪村有两棵枝繁叶茂、有公母之分的古树，人们称之为"夫妻树"。夫妻树为重阳树，系小阔叶类，四季常青，树冠高度相差三十余米。其中一棵开花结籽的称为母树，另一棵既不开花也不结籽的称为公树。

当地民间流行着这样一个传说，相传在很久以前，河的两岸住着两个部族，河上有一座铁索桥，两族之间靠这座桥来往，互相亲如兄弟姐妹。多年前，一对青年男女一见钟情，并结为夫妻。为纪念这桩美满婚姻，他们在结婚之日栽了两棵树，后来它们长成参天大树，两棵参天大树始终郁郁葱葱，终生相依。这两棵树是这对青年男女忠贞爱情的象征，夫妻树因此而得名。

走近

夫妻树

大面山村
——巫峡云巅揽秀色

一、村落概况

（一）自然环境概述

大面山村位于长江巫峡南岸，是巫峡云巅旅游开发区的一部分，隶属于信

村落概貌

陵镇，海拔175—1500米。它东接青岭村、中元子村，南邻青岭村，西靠甲石村，北抵西壤坡社区，总面积13.5平方千米。

全村海拔落差大，最低海拔175米，最高海拔约1500米，村落呈南北走向，山高陡峭，群峰叠嶂，时有野猪、山羊、猴等野兽出没。

该村现辖8个村民小组，17个居民点，分别是自断脉、大面山、柳家湾、

大面山漫山红叶似彩霞

老屋场、宋家庄、西湾里、瓦厂坪、包二坟、田家窝子、邓家屋场、旧垭子、下西湾、星光井、窑坪、周家、砖屋坪、庄屋坪。辖区内具有旅游开发价值的景点有倒拐子潭、仙人寨、观音洞、大岩洞、龙鳞树、女人峰、轿子岩、费家岭、高阳观、狮子包等。

2020年年末,全村共有335户,920人。村民主要姓氏有李、谭、向、黄等姓,民族有土家族和汉族,土家族约占60%。

村民种植的主要粮食作物有玉米、小麦、土豆、红薯等,种植的经济作物有蔬菜、烟叶、核桃、水果等。少数青壮年外出务工,从事第三产业。

村内有长江三峡巫峡口景区,大面山已开发成新的旅游景点。

（二）村落历史演变

大面山村在明代属在市里青平乡,清代属前里八甲。1931年属中四区近圣区（区址衙门口）;1932年属第一区;1936年属第一区署,区署设营沱；1941年撤第一区署由县直辖;1949年属屏南乡,由县政府直辖。

新中国成立后,1950年属朱砂区;1951年属第四区,区址风吹垭;1953年属第四区中元子乡;1956年属风吹垭区中元乡;1958年10月属中元公社;1961年7月属茶店子区中元公社;1975年属马鹿池公社;1981年9月属长丰大队和青山大队;1983年属茶店子区石家乡,更名为长丰村和青山村;1988年属信陵镇老屋场村和自断脉村。2014年老屋场村和自断脉村合并,属信陵镇大面山村。

（三）生产生活方式

1. 生产方式

（1）农业。

耕牛耕地。大面山村山高坡陡,以旱地为主,绝大部分农户喂养耕牛耕地。

秋耕冬凌。秋收结束,农民就要将田地深耕翻土,叫耕冬田。耕过的冬田,经日晒雨淋、霜雪冰冻，利于杀害虫且土质松散，肥力好。

燎火田、烧火粪。燎火田即春耕之前，将田边遮挡农作物阳光的树木杂草砍掉，掀入田边晒干之后放火焚烧，存积草木灰肥，以疏松土壤，提升土地肥力。烧火粪，即砍割山上的杂草灌木，边砍边堆放起来，然后用荆条缠紧打结，称为"渣子"，待晾晒干后背入田中，码成一堆堆规则的柴垛，在上面盖上一层厚厚的田土，然后点火熏烧。种植作物时将熏烧过的田土倒入打好的种子窝中掩埋种子。

积农家肥。将猪圈、粪池、牛羊栏圈、鸡舍的粪便在冬季堆积起来，发酵后形成天然的农家肥，用木桶或背篓运至田间，作为基肥施入田中，是农业生产的重要肥源。

春秋套种。农作物种植以春季作物与秋季作物套种为主。秋收结束，翻耕冬田，种上小麦和马铃薯，笔直成行，行距83.3—100厘米。来年春播再在空行里种上玉米、黄豆，避免作物间在生长高峰期争夺阳光，影响光合作用。到了夏季，收割小麦，挖出马铃薯，玉米株透风，长势好，单位产量高。

转工还工。春争一日，夏争一时。由于农业的季节性比较强，每当抢种抢收、抢管理（除草施肥）时节，为不误农时，需要突击干农活。由于农户在劳动力和生产工具上存在差异，因此需要转工干农活，相互间不支付工钱，以工换工，转工主人家只管茶饭酒水，当地俗语叫"转好工，还好工"。

（2）畜牧业。

大面山村家家养六畜，在正房旁修建猪圈、牛栏、鸡舍，肉制品自给自足，有富余的家庭每年出售生猪一至五头补贴家用。

2. 饮食习惯

大面山村不产水稻，以玉米、小麦、马铃薯、红薯为主食，以猪油、菜籽油为主油料。主食有米饭、面饭（玉米饭）、夹米饭（大米饭拌玉米面后蒸熟即成）、洋芋饭、面条等。农家菜中荤菜以猪肉为主，家常菜有炒腊肉、蒸扣肉、炖猪蹄，偶有牛羊肉；素菜除白菜、菠菜、萝卜菜等时令蔬菜外，还有腌菜、酱豆食、鲊广椒、稀辣椒、泡菜等；懒豆腐、炕洋芋配苞谷饭是土家人的最爱。

酒以当地自酿的苞谷酒为主。

（四）经济社会发展情况

以前，村民过着以种地为生的生活。随着打工经济和城郊经济的兴起，村里部分年轻人完成高中或大学学业后，凭一技之长外出务工过上了幸福生活；部分人靠种植蔬菜、水果，发展养殖业发家致富；还有部分人通过开农家乐、发展旅游经济踏上幸福快车。

因大面山正处在长江巫峡大拐弯之处，风景绝佳，近年来，吸引了五湖四海的摄影爱好者。巴东县委、县政府着力投资开发巫峡口景区，其核心景观点就在大面山，现已投资近2亿元，巫峡口景区已开园迎客。

二、遗迹遗存

1. 高阳观

高阳观在清朝以前是一座道观，位于大面山村最高峰，在道观上远可观长江上游的重庆巫山，下可观宜昌市的兴山县、秭归县，还可看见流经巴东境内的长江全貌。清朝时它被当地强盗占领，成了强盗抢劫长江过往船只的据点。

高阳观

直到清朝末年，军队出面制止，盘踞在这里的强盗才被驱散。

2. 天井老屋

天井老屋位于原自断脉村二组，有5套四合天井屋，由三辈人共同完成，每套天井屋都开有后门。

天井老屋

3. 向家屋场

向家屋场为四合天井大院，占地500多平方米，土木结构。上檐6间房，正门6间房，两旁各2间房，共16间房，两层板壁，屋内排木架，后排是青砖墙。据传，该天井大院由向姓开字派所建，到现在已传到第七代人。该天井大院已于2000年拆除，青砖墙脚仍清晰可见。

4. 田家屋场

田家屋场按照"前吞后转"设计，即前面有吞口，后面房间相通，前排三间房三道门，一道正门，二道傍门，正门两块石门框上有雕花对联，外墙用青砖砌成，墙脚石高一米，中门排有木架，为两层木板楼，内置木梯用于上下楼，房顶盖瓦。该屋由田家后人田延培居住，后因田延培搬迁，该屋于2019年夏天被拆。在田延培的印象中,该屋经历了八代人,至少有200年的历史。

5. 抗日战争、抗美援朝英雄碑刻

1999年9月9日,自断脉村参加抗美援朝战争的幸存者李庆堂(1928—2013年)出资3000多元,让其子李兴全立下抗日战争、抗美援朝英雄碑刻,训示子孙莫忘先烈。碑刻中央刻有"保家卫国英雄烈士万世流芳"字样。碑刻右边是本村在抗日战争和抗美援朝战争中英勇牺牲的烈士及幸存者的名字,他们是李传合、李玉堂、赵光忠、郑天元、李庆堂、李新培、赵光念。碑刻左边是八句话:

> 为国捐躯英雄汉,光辉事业万代传。烈士英名垂千古,国强民富享平安。自断脉人是好汉,保国建设同心干。苦干十年坡改梯,乱石山岩变平川。

三、村落民俗

1. 乡风民俗

大面山村的人生仪式主要有诞生礼、婚礼、丧礼等。

诞生礼俗称"祝米酒"。在缺吃少穿的年代,已婚女子生孩子后,她的娘家人、左邻右舍和亲朋好友将从山上采回的竹米(竹子达到一定生长年龄后结的一种像米一样的果实,当地人称为"竹米")送给产妇补身子。为答谢娘家人、左邻右舍和亲朋好友,父母在孩子满月前确定一个黄道吉日,邀请亲朋好友相聚,既要对新生儿降生的庆祝,又表示答谢之意,后来逐渐演变为现在的"祝米酒"。

婚礼俗称"过期"。男方称为"接媳妇",女方称为"嫁姑娘"。男方以确定婚礼日期为正筵,也叫正期,女方以举行婚礼的头天为正筵。正筵正式招待宾客。男方家有合婚(俗称"查八字")、定期(为婚礼选定黄道吉日)、整管事酒(婚礼前两天请管事人、媒人、迎新队成员、厨师等一起聚餐,安排婚礼期间的具体任务)、祭祖(向祖先焚香烧纸,祭祀祖先)、过礼(婚礼前一天向新娘家下聘礼,又称"伴郎酒",晚上请九名未婚男子陪新郎坐状元席)、娶亲(新郎迎娶新娘进门,又称"正期")、回门(新婚夫妇回娘家)等流程。女方家有筹办陪嫁、做答礼鞋（姑娘亲手为男方家嫡亲族做布鞋，在婚礼当天送给族长辈作为见面礼）、过期（男方来下聘礼，晚上请九名未婚女子陪新娘坐席,唱十姊妹歌）、迎姑娘女婿回门等流程。

丧礼俗称"闹夜""过白事"，是老人去世后举行的吊唁活动。丧礼中孝子披麻戴孝，请师傅整晚打丧鼓、唱夜歌子。丧礼根据逝者的生辰八字确定下葬时间。

2. 民间传说

（1）费端工治病。

相传很久以前，向家是当地财主，他的女儿生得貌美如花，却有腿疾，无人能治。向家财主昭告天下，只要有人能治好女儿的腿，就捐赠一座山作为诊治费。昭告发出不久，四处云游的费法龙（人称费端工）得知后专程来到向家，为财主女儿诊治，没过多久就治好了向家姑娘的腿疾。向家姑娘治好腿疾后，行走自如，瞬间变成一个大美女，令费端工痴迷不已。向家财主按照承诺不仅将一座山赠给费端工，还将女儿嫁给了他。费端工结婚后，与向家姑娘在山上安家，用毕生所学造福当地百姓。费端工去世后，当地百姓便将那匹山命名为费家岭。

（2）柳家湾耙寨水。

费端工居住的费家岭上无水，但山中常能听见水流的声音，人们吃水要到很远的山下长江中去背。一天，一位姑娘花半天的功夫背桶水，快到家时因体力不支摔了一跤，木桶中的水洒得一滴也不剩，她大哭起来。费端工刚好路过此地，问及姑娘哭泣的缘由后，他劝姑娘不要哭，一会儿就有水吃了。只见费端工随手扯下路边的柳树枝，编了一个耙寨儿①，放在山间的天坑中，在上面撒上一把干土面，没过多久，清亮亮的水从天井口流出。后来，人们便将这个地方叫作耙寨儿水。现在，在大面山上游玩时，仍可见到耙寨水奇观，听见山中水流的声音，看见汩汩流淌的山泉。

（3）费端工斗法。

传说费端工法术高明，常为附近乡邻解除病痛，逢善不欺，逢恶不怕。一天，

---

① 耙寨儿：当地俗语，用柳条编成的板子。

从长江上游漂来一只竹筏，竹筏上装满货物欲前往长江下游，在费家岭脚下的巫峡口停靠。法术高明的费端工便开了一个玩笑，将竹筏定在了长江中间，无论竹筏主人怎么划就是无法离开巫峡口。竹筏主人也会法术，深知有人开了他的玩笑，于是就四处打听巫峡口附近是否有高人。

不久，他从一放牛娃口中得知费端工及其住址，于是花大量银钱收买了放牛娃。费端工居住在费家岭，因他使了障眼法，外人看不见他的房屋。放牛娃与费端工熟悉，经常到他家中。放牛娃按照竹筏主人的要求，将费端工家中堂屋香火神位上的一碗水倒掉少许，竹筏主人便见到了屋脊。在竹筏主人的唆使下，放牛娃将整碗水全部倒掉，费端工的家全部呈现在竹筏主人眼前。一天，费端工走进家门的时候，竹筏主人跟着走了进来，并在费端工的后背拍了七下，笑呵呵地喊了三声"老伙计"后离去。

竹筏主人在他背上钉了七根铜针，费端工深知此人法术高明，于是吩咐老婆架起大锅和木甑，烧起大火，将他放到甑中蒸七天七夜，不得揭甑盖。蒸到第六天时，费端工的老丈人来家中探视，不见女婿，女儿告诉父亲，丈夫在甑中，老丈人大惊，活人蒸了六天恐怕早已死了，让女儿揭开甑盖查看。费端工的老婆揭开甑盖，只见费端工正在甑中编草鞋，一双草鞋即将编织完成，背部的铜针已逼出一大半。

费端工自知命不久矣，便拿出一床竹席交给老婆，吩咐老婆在自己去世后，每天在太阳快落山时哭一次并拆竹席一匹篾。费端工去世后，老婆遵照他的吩咐，当她拆完一床竹席时，被费端工定在巫峡口的竹筏就散了。

四、乡贤名人

（一）老中医李世代

李世代，1938年生，从18岁开始学医，精通拔火罐、扎针灸、中医中药。他一生坚持治病救人，救死扶伤，深受当地村民爱戴。现已81岁高龄的李世代，耳聪目明,种植了多种药材,育有三儿三女。他常告诫儿女们要讲诚信,永远跟党走。

(二)铜匠韩启权

韩启权,三代铜匠传人,会打制铜锣、铜钹、铜壶、铜碗、铜烟袋等各类铜制品。因人们对铜制品的需求越来越少,韩启权只好放弃铜匠艺,外出打工养家糊口。

五、自然景观

1. 长江大拐弯

从大面山俯瞰,长江浩浩荡荡,奔腾而下,在经过位于巴东的巫峡出口时,突然来了一个90°的大拐弯。在夕阳的映照下,长江好似一条窄窄的金色丝带从天际飘来,美得令人窒息。身处山巅,可见云浪翻涌,峡江中穿行的船只若隐若现,空灵缥缈,如梦似幻。

在大面山,可以将巫峡的险、幽、奇、秀尽收眼底。这里是摄影爱好者的天堂,

长江大拐弯

金色巫峡口(获奖作品)

摄影家们拍摄的《金色巫峡口》《峡江夕照》《大拐弯船轨》《黄金水道》等多幅作品已获国家级、省级各类大奖。

2. 倒拐子潭

倒拐子潭位于原自断脉村,其洞口有一块石头像龙头,一年四季都有一股泉水从龙头口中流出,冬暖夏凉。因潭外形有大拐弯,形似人的胳膊,故当地人称之为倒拐子潭。

3. 仙人寨

仙人寨是一个大溶洞,天生拱门,洞口呈弧形,内有大小圆洞若干,洞内蝙蝠无数。

4. 观音洞

观音洞是一个大溶洞,能容纳千人,长年形成的石钟乳、石笋,有的似观音坐莲,有的如狮子、龙蛇,形状各异,惟妙惟肖。

六、村落景区

(一)巫峡口景区简介

1. 巫峡口景区总体规划及布局

长江三峡巫峡口景区是印在第四套人民币上的风景区。景区规划面积83.5平方千米,重点区域面积24.6平方千米,主要包括巫峡口、大面山、链子溪、火焰石及其周边可开发景点。景区基于"一江(长江)一城(县城)一山(大面山)一溪(链子溪)一道(国家风景道)"的空间结构、地形地貌和资源禀赋,具体划分为以巫峡文化为主题的神话巫峡、以独特生态地理景观为主题的云巅巫峡、以山地户外运动为主题的激情巫峡、以生态保护优化为主题的绚丽巫峡和以夜景亮化为主题的盈彩巫峡五大功能区。

景区规划项目总投资9.2亿元,近期投资4.95亿元,中期投资1.74亿元,远期投资2.51亿元。

巫峡巴东段全长 22 千米，峡长谷深，奇峰突兀，层峦叠嶂，云腾雾绕，江流曲折，百转千回，船行其间，宛如进入绮丽的画廊，充满诗情画意。"万峰磅礴一江通，锁钥荆襄气势雄"是对它真实的写照。巫峡在大面山的链子溪呈 90°大拐弯，被誉为"长江第一拐"。站在大面山上，峡江山水尽收眼底，雄伟、旖旎、壮观，如一幅江山多娇的画卷。

大面山位于巫峡口景区的核心区域。

2. 功能分区

（1）神话巫峡。

位于长江与链子溪交叉口两侧，是以女神部落和情定巫峡为主题的核心景区，是集巫峡观光、游艇休闲、表演品赏、主题住宿、生态度假等功能于一体的功能板块。

（2）云巅巫峡。

位于巫峡口景区山顶位置，主要打造集地景观赏、地景摄影、民宿度假、

云巅巫峡

极限运动等功能于一体的地景观赏中心。

（3）激情巫峡。

激情巫峡位于巫峡口景区次入口位置，主要利用相对静谧的环境和复杂的山地地形，引入亲子类和山地运动类项目，打造三峡第一个高端山地运动基地。

（4）绚丽巫峡。

绚丽巫峡是以花海观光、花山休闲、登山游乐为主题的观赏型自然保护区。

（5）盈彩巫峡。

以夜景亮化为主题的景点。

（二）旅游名村基础性项目概况

大面山旅游名村由湖北扬帆旅游发展有限公司投资打造，村内的旅游设施和旅游景点主要有：主游客接待中心、次游客接待中心、"长江第一拐"观景摄影平台、巫峡云巅、巫星台、高阳观、巫峡览城、费家岭索道、停车场等。

巫峡口景区门楼于2018年7月开工建设，投资约350万元，建筑面积约151.4平方米，高13.3米，为明清仿古建筑。景区门楼是景观设计中的重要组成部分，是有效维持景区安全秩序、控制景区环境容量的枢纽。

次游客接待中心位于景区东侧，主要功能是游客引导、咨询服务、景区解说、游客集散、游憩和管理控制。总用地面积19981.39平方米，总建筑面积7688.13平方米，为三层建筑，内设6个总统套房和31个标准间。有大停车位9个，小停车位56个，附属的生态停车场有停车位134个，充电桩6个。

费家岭游步道连接的廊桥，设计为仿古建筑，长32米，宽6.5米，共投资500万元。

景区索道全长1826.3米，线路高差847米，单程运行时间为6分20秒，单向运输能力为2000人/小时，配套建设上下站房及排水等设施，投资约8200万元。景区内山势陡峭，本着"大保护，小开发"原则，索道采用架空设计。

索道用电驱动，对环境污染小，对植被和森林破坏小，维护保养操作简单，它不仅能帮助游客代步登山，而且是游客在空中观赏风景的一种游乐设施，既为景区增添了新的景观，又提高了景区的接待能力。

云中山庄南靠大面山，北望长江、神农溪，西邻巫峡口，东北方向是巴东县城及巴东长江大桥，具有良好的观景视线，是巫峡口景区的民宿旅游商业综合体，也是景区的核心区块。项目拟投资2亿元，总用地面积92609平方米，总建筑面积23009平方米，景区电瓶车停车位53个。两条观赏步道分别连通缆车终点、观演广场和酒店，内有四条登山步道，能让游客体验在山间穿云驾雾的乐趣，鸟瞰长江恢宏的气势。商业步行街上的咖啡馆、攀岩中心、摄影基地、展览馆、酒吧、书画院、茶室、商店、餐厅更让游客体会到大山深处浓浓的烟火气息。

轿子岩观景平台是"俯瞰长江第一拐，体味三峡千古情"的最佳位置，也是"金

轿子岩观景平台

色三峡"的最佳拍摄地点。观景平台以灵芝为原型，崖壁上设计了两个悬挑于崖壁外的平台，悬挑采用钢结构，悬挑距离为6米。钢架结构悬挑与栈道相连，整体玻璃附面，既通透、灵动又体现出现代感，形成震撼的观景效果。观景平台以轿子岩为中心，面积约1000平方米，总投资约6000万元。

泉口村
——战天斗地壮山河

一、村落概况

（一）自然环境概述及演变

大巴山山脉分两支入神农架，其中一支在巴东县北端形成群山，称为长峰，

村落概貌

有山峰650多座。泉口村就坐落在这群山峻岭中，全村总面积22.6平方千米，三面环山，一面临河，山脉形状似船。船头有雄狮——狮子口，船尾有卧虎——老虎笼，中心有一泉眼，为泉口村中心。该村地势自西南向北倾斜，海拔落差大，最高点为西部的梯子岩东峰，海拔1792.3米，最低点为东南部的鱼泉沟，海拔175米。全村有37道沟，38道山梁，纸坊沟将泉口分成南北两面大坡。

泉口村现辖22个村民小组，包括上泉口、陈家老屋场、刘家包、天主堂、周家包、谭家梁子、下泉口、二坪、放马淌、竹狮垭、石马山、关庙垭、栀子树湾、张家梁子、李家梁子、纸坊坪、石窖湾、瓦屋基、扇子岩、杉树垭、万家梁子、枫香坪。截至2020年年末，全村共有650户，2308人，以汉族为主，土家族占人口总数的8%。李、张、陈、许、杜、谭姓为主要姓氏，其中人口较多的是张、李二姓。

泉口村在1988年前为泉口公社，辖石马山、关庙垭、枫香坪三个大队，撤社为区后为堆子场乡所辖，泉口仍分为石马山、关庙垭、枫香坪三村。2001年堆子场乡并入沿渡河镇。2014年沿渡河镇进行村级合并时，将原泉口公社所属石马山、关庙垭、枫香坪合并成泉口村。

泉口，原名"船口"，它三面环山，一面临河，山脉地形似船，相传石梁子天主教教堂旁原有一棵油杉树，占地近一亩，树主干周长 10 多米，树高 50 多米，树上第一盘树枝和第二盘树枝上可躲藏百余人。距这棵油杉五里之外的河沟旁，长有一棵大枫香树，故此地名为枫香坪。在枫香树蔸旁有一棵葡萄树，它的藤子攀树而上长到石梁子的油杉树上，像一根长长的纤绳，两棵大树则像船的桅杆。所以当时先祖们便根据这里地形似船，又靠河边，将此地命名为"船口"。清康熙年间，人们觉得"船口"朝外开，风水不好，遂改名为"泉口"。

泉口村的村落建筑主要沿等高线排列，形成聚落。这里山高林密，耕地稀少，河谷地带形成的冲积平原易于建房，却因地势较低又易受山洪影响，所以当地百姓因地制宜，将房屋建于山坡高处，建造干栏式、半干栏式吊脚楼，既满足了居住需求，又达到了节约用地的目的，建筑风格别具一格。

（二）生活习俗

泉口人的生活习俗在衣、食、住、行方面颇有特色。

1. 衣

旧时男女服装都是大袖口、大裤脚。男着长衫、短褂，穿长、短棉袄御寒，男性老年人皆系腰带。女性服装多装饰，衣的袖口、下脚边、襟和裤脚边，挑、滚有三四道花边。男、女裤有"裤腰"，穿时用裤腰带系之，称为"甩裆裤"。男人干活穿草鞋（用稻草编织而成），打裹脚，下雨披蓑衣，戴斗笠。用竹背篓或木背杈背物，用打杵子①支撑休息。寒冷时穿自制的布袜子，用白家机布做成，称为"山袜子"。夏天不干活时穿凉鞋。女鞋喜绣花，称为"绣花鞋"。男女穿的袜子多为绣花袜底，用绣花鞋垫垫鞋。幼童则穿花头布鞋、花头布靴。

2. 食

泉口人以玉米、红薯、土豆、小麦、荞麦为主食，还喜腊肉，爱吃辣，好饮酒，

---

① 打杵子是鄂西山区农民背或担挑东西时使用的一种工具，和拐杖的用途一样。

特别喜欢豆类制品,尤其是懒豆腐,有"面饭懒豆腐,吃哒胖嘟嘟"之说。

泉口主食以玉米面为主,也食用小麦加工的面粉和面条。玉米面蒸食叫面饭,嫩玉米磨成浆做成饼叫"浆粑粑",玉米面和大米做成的饭叫夹米饭(又称"金包银""蓑衣饭")。初春时,将米面掺香蒿、青豌豆、腊肉丁、猪肠子拌在玉米面中,用甑子蒸食,叫"蒸菜饭",又名"社饭"。以前粮食短缺时,农村多以玉米面、红薯、马铃薯为主食,过荒月时以瓜、菜、野菜为主食。

制作茗干

泉口人喜吃酸辣,除时令蔬菜外,菜肴主要有合渣、泡菜、盐菜等。腊肉是这里的传统美食,每家每户都会制作腊肉。腊肉制作必须在腊月宰杀生猪后,取其鲜肉待冷却后再用盐腌5—7日,晾干水分悬挂在火炕上,用柴火慢慢烘干,尤以柏树枝熏烤色香味最佳,以精肉呈红色为宜。食用时用明火炙其粗皮,洗净后肉呈黄色,或煮或炒或蒸。泉口人习惯将腊肉切成大片后,用鲊广椒或酱豆豉爆炒，以盖碗口的大肉片为上品，称为"盖碗肉"，或将猪肉切成2—3两的大块煮食。

制作腊肉

3.住

泉口村民的住房以瓦屋为主，此外还有茅屋、杉木屋。主要区别在于屋顶覆盖物不同，茅屋盖茅草，瓦屋盖瓦片，杉木屋盖整块杉树板。茅屋多为一间或两间，其上横安两根长木梁，木梁两端凿成"马口"，以木闩互相含套架于木梁的剪刀架上，剪刀架上再铺上木条，盖上茅草或瓦片。有的地方木材较多，也用杉树皮代替茅草盖屋，有的还用竹篾将树皮编在一起，上压石板使房屋不透风、不漏雨。

4.行

泉口多山路小道，旧时出行陆路全凭徒步，少数富人乘骡马或坐滑竿。

过江乘渡船，河水浅时也多为徒步。有条件的地方架有桥梁，无条件架桥的地方用大石头搭跳石过河，或以山藤和铁索拉成桥索，铺竹木渡河；或在两岸用竹篾做溜索固定，溜索上系一木制溜梆，用绳子将身体或货物捆在溜梆上滑向对岸。

二、遗迹遗存

1. 村落民居

泉口村传统建筑分布于李家梁子、张家二坪、扇子岩等地，基本以土砌瓦盖为主，建筑风格有"长排正屋型""小撮箕口""大撮箕口"和"四合天井"四种，泉口村以"长排正屋型"和"小撮箕口"为主。长排正屋型为一栋三间一字排开，中间一间房叫"堂屋"，设神龛，供祖先牌位，是办事、待客和用餐之地。两侧两间房叫"耳房"，多作卧室。如果在两耳房外壁延伸五尺余再建房，上观如同倒"凹"字，堂屋外壁空出的一段，形成撮箕口，故称"吞口"，此屋样式即为"小撮箕口"。"小撮箕口"又叫"大三间"或"吞口屋"。堂屋外壁空出地较大，则为"大撮箕口"。"四合天井"式，因整个房屋呈"口"字形，其中有能见天的流水屋檐，形成"天井"，故称"四合天井"。砌墙的基脚多用坚韧的条石，条石上还刻有图案，特别是大门、门槛和门墩的图案非常精美，雕刻着龙凤，寓意龙凤呈祥。门檐上也雕有花纹。

这种建筑样式的主要特点是屋场大，人口集中，建造讲究，结构以石、土、木、瓦为主。

2. 张植弟故居

代表性的历史建筑有张植弟故居。该故居现位于泉口村村中心位置，坐南朝北。正屋三间，偏屋一间，后接私檐屋一排，共计八间，为土木结构。正屋两层，层顶中间分水，分前檐、后檐，呈八字形，盖土瓦。建筑材料以木料为主，中间开一扇大门，为堂屋，堂屋中间放置大方桌，称"当家桌"。房前立有泉口公社纪念碑，纪念碑上书写着"泉口精神永放光芒"几个大字。

张植弟故居为改建后的建筑物，改建前的房屋坐落在冯家梁子的罗家老屋场，为两正间一偏屋。20 世纪 70 年代初，因山体滑坡，房屋出现裂缝，搬迁至现在的枫香坪，即泉口村中心。

张植弟故居

3. 张氏老宅及天主教教堂

张氏老宅始建于清康熙年间，房屋坐北朝南，为一正两厢式布局，正屋七间，东厢房四间，西厢房五间，为土木结构，墙面用细土混刷，屋顶用当地烧制的土瓦覆盖。正屋两层，大门门磴为石磴，门磴门槛为石料雕凿而成，共计八道。张氏老宅自清朝修建以来，再没有进行改造。老宅三面环山，顺台阶进三合园，建筑布局合理。

天主教教堂现为村民刘从兵住房，由比利时传教士修建于清朝。原建筑面积 300 平方米，有主会场和十字架标识。新中国成立后，该建筑分给刘氏居住，

天主教教堂

刘氏对后院进行了改建,并撤除了标识。

三、村落民俗

泉口村的习俗比较复杂,尤以婚俗和丧葬习俗最有特点。

1. 婚俗

有定亲、迎亲送亲、扯脸、赞花、挂红、退红、退花、挂号、传令、给新郎敬酒、嫁女散花、娶亲、参厨、入席、盖头巾、发亲、铺床、拦车马、出轿、拜堂、入洞房、抢房、喝接纳酒、宴请高亲、闹洞房、交接喜鞋、交亲、谢媒等环节。每一个环节都比较讲究,而且有一整套说辞。

如"赞花"毕,接着给新郎"挂红",即把一段红绸子从新郎的右肩绕到左胳肢窝下。并说:

金花闪烁放红光,退下金花喜洋洋。牛郎织女双星渡,相亲相爱万年长。金花耀目鲜又鲜,两姓今朝结良缘。男才女貌天注定,同心同德到百年。

在升贺匾挂号时,由陪郎执匾爬上云梯,边上云梯边唱,把匾挂于正堂的左边墙,并说:

日吉时良,天地开张。小科登第,四海名扬。

唱:

凤凰展翅把口开,玉皇差我挂号来。双手高招紫袍带,捧块金匾上府台。喜今朝来贺今朝,脚踏云梯步步高。上一步,荣华富贵;上二步,金玉满堂;上三步,百年长寿;上四步,成对成双;上五步,黉门秀士;上六步,状元回乡;上七步,朝贺天子;上八步,当朝宰相;上九步,千年豪富;上十步,万代兴旺。此块金匾甚非常,双双玉字放豪光。此块金匾长又长,两条黄龙护身旁。此匾好处言不尽,状元府第赛朝堂。

2. 丧葬

在逝者弥留之际,逝者后辈跪于床前,为逝者送终。逝者去世后,为逝者净身、穿寿衣。收殓入棺后不封棺,将其停于堂屋正中,棺下点灯,昼夜不熄。有些地方在逝者去世时要烧"落气纸"。在逝者前置一铁锅,其子女跪在锅旁烧"钱纸"(冥纸),念逝者生庚八字。烧完"落气纸",子女开始放声大哭,并派人给乡邻亲属送信,以便前来吊唁。

出殡下葬之前,要确定下葬时间和下葬地点。安葬后第三日,丧家老幼均着白色孝服,至墓地叩拜并给坟墓添土,谓之"复山"。

(五)民间信仰

1. 崇拜祖先

泉口人崇拜祖先,认为祖先是最好的神灵,能保佑子孙后代祛祸得福,许多人家的神案上除写"天地君亲师位"之外,还供有祖先的牌位或与始祖有关的物品。如有的神龛上供一根木棍,有的供一块簸笆折①等,这些物品都与祖先的迁徙或发迹有关。每逢过年过节或遇天灾人祸都要烧纸钱,备酒肉敬祭,或请端公"解钱""还愿"。

2. 选屋场

选屋场又称择宅基。村民建新房,要请人观山势地形,然后安排正屋、厢房、厨房、偏水、厕所的位置等。

3. 择期

择期又叫"格期",是指选日期。过去民间办什么大事,都要请人选一个好日期。

(六)民间谚语

泉口人民在长期的生产劳动中总结了很多关于事理、社交、乡土、生活等的谚语,随处都能听到。

事理类谚语:理直走天下,心亏寸步难;天无二日,人无两理;筛子挡不住太阳,稀泥巴打不得土墙;菜无盐无味,话无理无力;箭是直的,弓是弯的;未曾上船,先思落水;等等。

修养类谚语:有志不在老少,有力不在大小;宁为鸡头,不为凤尾;逢强不捧,逢弱不欺;疑人心不正,心正不疑人;瓜无滚圆,人无十全;没有过不去的河,没有翻不过的山;好马不怕路遥远,好骡子爬得几架山;聪明人请教人,半吊子光训人;等等。

社交类谚语:在家不答腔,出门无人帮;岩坡点荞不要粪,好友相交不用媒;为人啬巴佬,难得众相好;点灯要燃双芯,打铁要好帮手;害人心莫有,救人心要诚;等等。

乡土类谚语:水流千里归大海,树叶落在树底下;过得王家滩,算得英雄

---

① 簸笆折指簸箕等生活用品。

汉；八月摸个秋，摘柚抱瓜不算偷；宁拆三家屋，不拆一门亲；做斋没得钱，跳丧一晚歌；清明不祭祖，白养一群猪；问人不称呼，是个二百五；树上喜鹊叫，必有客人到；等等。

生活类谚语：吃饭要挖土，吃肉要喂猪，穿衣要织布；一物降一物，苞谷饭降的懒豆腐；饿哒糠也甜，饱哒肉也厌；烟多无益，酒醉如泥；走路莫走悬，爬树莫上尖；河长多滩，路长多弯；男帮女，女帮男，恩爱夫妻苦也甜；要得好，要敬老；早起活活腰，一天精神好；早起早眠，益寿延年；说说笑笑，可通七窍；手舞足蹈，九十不老；等等。

经济类谚语：种田种齐坡，平田种上角；季节不等人，一刻值千金；乡村四月闲人少，田里坡里两头忙；坏田十年有一收，好田十年有一丢；水土不下坡，粮食收得多；家有百棵桐，一世不得穷；羊儿放满山，不愁吃和穿；买马看口齿，经商看行市；坐商变行商，财源发三江；艺多不胀肚，早晚有用处；徒弟技术高，莫忘师傅教；等等。

四、泉口精神

神农架南麓的万山丛中，有一道长长的峡谷，潺潺的溪水源源不断流向远方。峡谷两边是陡峭的山坡，坡上有37道深沟，分成38道山梁。如今，山梁上梯田层层，茶园片片，新建的两条水泥路像两条银带，从山脚盘旋延伸到山顶。

历史上的泉口自然环境十分恶劣，人民生活水平低下。"不进长峰，不知背脚苦""望到屋，走哒哭"是这里生活的真实写照。生活在这里的人有"三难"：出门走路难，日常生活用品背运难，爬坡种田养家难。贫困是当时最普遍的状况，"风吹石头滚下河，老鸭歇脚土就梭，三个月亮晒死苗，一场大雨现岩壳"。村民耕作多为刀耕火种，收成全靠天。大多数人住的是草屋和岩洞，吃的是野菜粥，点灯靠油亮子坨（松树节），劳动工具不是薅锄挖锄，就是背篓打杵。

走近

新建公路

1. 穷则思变，实现自给有余

1960年，临危受命的公社党委书记张植弟面对恶劣的环境、人民的疾苦，忧心忡忡。屋漏偏逢连夜雨，十年九旱的挂坡地种上的粮食只有四成收成。张植弟在沉思，党把这样的担子交给他，他该怎么办。人们吃的救济粮要到百里开外的地方去背，这样会越背越穷，越穷越背。关键时刻他拿定主意，向全公社发出号召：自力更生，向荒山要粮，开垦能耕的荒地种粮食，甩掉缺粮的帽子，填饱肚子。经过近三年的艰苦努力，到1962年秋，泉口就甩掉了缺粮帽，并开始向国家上交第一批粮食。

粮食增产了，经济发展了，泉口的桐树、木梓、茶叶、药材种植也逐步发展起来，现已种植桐树、木梓树20多万株，漆树700多亩，药材200多亩，并先后向国家贡献桐油、木梓油、茶叶和药材共70多万斤。1972年，多种经济作物收入占总收入的45%。

改造的梯田

2.树立典型,建设美好家园

昔日的泉口没有什么好的物质条件,更没有经济基础。当时的国家一穷二白,泉口也是一无所有。组织起来谋发展,建设自己的家园成了第一要务。

武装思想,树立精神支柱。当年泉口用毛泽东思想武装人民的头脑,坚定了排除万难争取胜利的决心,从而奠定了牢固的思想基础。

党委在二大队二队培育政治建队典型。时任二队队长的陈发兵坚信"灿烂的思想政治之花,必然结成丰硕的经济之果"。用毛泽东思想教育人、培养人、改造人是政治建队的根本。二队在抓思想政治教育的过程中,一抓态度,二抓广度,三抓深度,四抓制度,引导群众自觉学,干部带头学,建立家庭、屋场学习阵地。二大队二队"抓革命,促生产"的经验在全公社进行推广。二队政治建设还总结出了"注重学习一通百通,放松学习就出漏洞,丢掉学习祸害无穷"的经验,这一经验也得到了推广。

树立典型，培育吃苦精神。泉口人向贫穷宣战，向荒山要粮，挖山放炮，搬土造田，靠一双双勤劳的手，摆脱了贫困，在平凡的劳动岗位上涌现出一个又一个劳动模范人物。党委一班人为深入推进向贫困开战的建设热潮，将先进模范人物作为典型，进行大力宣传，号召广大群众学习他们的精神，营造了学习先进、争当先进、吃苦光荣的劳动氛围。

二大队生产队队长黄兴昌是一个战斗在生产一线的干部，他所在的生产队地域辽阔，居住分散，有"上十里横十里，绕个圈圈三十里"之称。黄兴昌克服种种困难，学在前，干在前，不仅带领群众搞好粮食生产，还建起了保管室、畜牧场和贮藏红薯的大屋窖。他带病坚持劳动，轻伤不下阵地，被人们称为"硬骨头队长"。二大队二队的韩英当年还是一个年轻的姑娘，在生产队她学习积极，吃苦能干，男同志能干的事她也能干，无论是在严寒的冬天突击改田，还是在酷热的夏天上山打青积肥，在困难面前她从不退缩，被称为"铁姑娘"。

在农田基本建设中，三大队三队改田专班班长刘道礼坚持八年改田，战胜多种困难，被誉为"实干家"。一大队八队女共产党员舒显桂在改田中与男同志一样背石头、抬石头、砌石填土，样样干在前头，被称为"女愚公"。

三大队民兵连长、共青团员黄杰昌担任改田专班班长，他为所在生产队制定了一张建设蓝图，誓将黑槽变亮槽，誓将汤家包变茶园包。黑槽是一个乱石槽，"动一个石头滚一窝，不砸腿子就砸脚"。黄杰昌不畏困难，带领民兵腿上打绑，脚上包棕，把专班拉进了黑槽，大战一个冬春，黑压压的乱石不见了，一层层白石、青石砌成的梯田展现在人们的眼前，黑槽变成了亮槽，变成了梯田。第二个冬春又实现了汤家包变成茶园包的目标，几十亩的梯田没过几年就变成了嫩绿的茶园。建设蓝图实现后，他又带领当地群众开始改田，小石头搬，大石头撬，尽量少放炮，为集体节约资金近千元。一次改田正干得起劲时，黄杰昌突然听到坡上碎石滚下的声音，他猛一抬头，发现情况不妙，大喊一声"闪开"，并一手推开了身边的一位社员，自己却来不及躲闪，被石头压住，身负重伤，经抢救无效，不幸身亡。在收拾遗物时，人们发现他的屋子里放着一张图，上面有梯田、茶山、林场、牧场，还有渠道，这是他的又一个大规划。干部群众为他送行时，放声大哭，他们无不为失去这样一位优秀的干部而痛心。

为发展经济，泉口开办了药场。荣祯贵带领两名员工，一人一把挖锄，在海拔1500多米的白龙观上开荒种药，短短四年开垦药园和农田100多亩，为集体经济增加收入两千多元。粮食除自给外，还储备了3000多斤。

泉口当年有一个社队联办的综合性企业——"五七"总厂，规模小，家底薄。担任总厂会计的共产党员韩守定没有办公桌，每天晚上就伏在木盒上办公记账，没有装单据的柜子，他就找来几块旧木板自己做。他勤俭节约，精打细算，一年的办公费只花了三元六角，被群众称为"红管家"。

张植弟同志被评为全国劳动模范，这位农村基层干部还被选为中共九大代表，并在大会期间当选为中共中央候补委员，成为恩施历史上第一个中央候补委员。劳动模范的不断涌现，先进事迹的宣传学习，促进了泉口的建设和发展。

1978年，省委、省政府把泉口树立成全省农业战线的优秀典型，号召全省农村向泉口学习，全省掀起了"学大寨，赶泉口"的热潮。

3. 先治坡后治窝，建造舒适生活环境

当年泉口党委一班人在带领人民治山、治土、治水时，始终坚持"先治坡，后治窝"的理念，建设社会主义新农村。先治坡就是不屈服于恶劣的自然条件，向山坡开战，劈崖垒坎，移土造田，晴天垒石梯，雨天挖茶梯，农忙专班改田，农闲突击，逐步改善了农业生产条件，提高了粮食产量，实现了粮食自足有余。后治窝就是在改善生产条件的基础上，逐步改善人民的居住条件、交通条件，把人民群众之所需、之所求作为奋斗目标。

小路变大路。泉口至两河，人行道绕山转，生活必需品都靠人背运。为改变人工背运的状况，村里首先修通了板车路，靠挖锄挖、镢锄刨、撮箕担，修通了泉口至两河的板车路。目前进泉口的公路绝大部分都是顺板车路扩宽修建的，当初人们顺板车路推运货物时，边推车边唱歌："板车小只管推，运货不用背篓背"。

油灯变电灯。在20世纪60年代,广大农村都没通电,照明主要靠煤油灯。为解决用电问题,泉口获准在两河修建一座小型水电站。水电站建成后,泉口率先接通了高低压电线,农户都用上了电灯。

家家通广播。泉口通电后,公社建起了广播站,每天都有自办节目。广播线连通了千家万户,家家都能收听广播,阴阳二坡还装上了高音喇叭。国家事和天下事,人们通过广播都能知道。泉口还建了气象哨,每天早晚向全社村民播送天气预报。

石马山村七组的新农村房屋

统一修建新农村。为改善人民群众的居住条件,党委决定在每个大队选择1-2个队进行新农村建设试点,统一模式,统一规划,统一专班修建。当时成立了三个新农村建设专班,一个大队成立一个新农村建设专班,修建时就地取材,没水泥、钢筋，就建土木结构瓦房，每栋修四个单元，每个单元修四间，每个单元入住一户，房屋高低一致，门窗一样。前后三年在一大队七队、八队进行试点，修建 5 栋；在二大队四队、六队、七队进行试点，共建 8 栋；在三大队一队、二队、三队进行试点，共建 7 栋，全公社共计修建新农村房屋 20 栋，80 户农户入住新农村，边远户入住集中点，同时有 5 户住岩洞的村民搬出了岩洞，95% 的草房换成了瓦房，村民的居住条件得到极大改善，结束了村民"少数住岩洞，多数住草房"的历史。目前，在石马山村七组还有一栋保存完好的新农村房屋。

泉口改造的历史是一段传奇的历史，体现了团结协作的集体主义精神、艰苦奋斗的创业精神、造福子孙的奉献精神，这些精神就是"泉口精神"的内涵。这种精神不仅成为一个时代的标记，更是激励 50 万巴东儿女奋勇前行的丰碑。1972 年，长篇报告文学《深山炮声》发表。文章记录了泉口人民劈山炸石、移土改田的奋斗历程。经过八年努力，泉口改造出水平梯田 1050 亩，梯形茶园 850 亩，搬运土石方 110 多万立方米，粮食产量比新中国成立初期增加三倍。泉口治山、治土、治水的精神在全省上下引起广泛关注。1978 年，时任中共湖北省委第一书记陈丕显、省政协主席韩宁夫分别视察泉口，《人民日报》《湖北日报》等新闻媒体对泉口公社自力更生、艰苦奋斗、改天换地的事迹进行了大量报道，省委、省政府把泉口公社树立为全省农业战线的一面旗帜，组织全省各县市到泉口参观学习。1990 年，巴东县委、县人民政府在全县开展了"泉口杯"竞赛活动。1992 年 7 月，在泉口公社原党委书记张植弟的故居前，树立起"泉口精神永放光芒"纪念碑。

"泉口精神"代表人物

1. 张植弟

张植弟(1930—1999)，巴东"泉口精神"代表人物。曾用名罗光弟，湖北省巴东县溪丘湾乡魏家梁子村人。

1950年1月，张植弟在巴东县泉口村任农会主席，同年12月入伍，在巴东县公安队任民警，复员后任泉口管理区信用社会计。1959年任泉口公社党委书记，1966年任沿渡河区区委书记，1968年8月任泉口公社革委会主任、党委书记、巴东县委副书记。1974年1月任巴东县委书记、恩施地区革委会副主任，1978年5月任恩施地委副书记，1983年任鄂西自治州人大副主任，1990年12月任鄂西自治州委顾问。

张植弟先后当选为中国共产党九大、十大、十一大代表。1977年8月在中共十一大会议上当选为中共中央候补委员。

泉口纪念碑

1959年张植弟担任泉口公社党委书记后，带领群众开垦坡度较缓的荒地，向山要粮，使泉口从"吃饭靠供应，用钱靠救济"的贫困村变成粮食自给有余、年年对国家有贡献的模范村。1965年张植弟作为湖北省劳动模范代表参加国庆观礼。观礼结束后，他专程去大寨参观学习，用自己的工资为20多个生产队购买了《毛泽东著作选读》和钢钎、大锤等工具，首先在泉口公社三大队挖坡平地，抬石垒坎，改造出梯田样板田。截至1978年，张植弟带领乡亲改出能保土、保水、保肥的高标准梯田150.8公顷，开发梯形标准茶园53.33公顷，种植油桐等经济林木133.33公顷。1974年张植弟担任巴东县委书记后，在全县发扬"泉口精神"，大力发展农田水利基础建设。平阳坝河堤治理工程是当时恩施地区最大的水利工程，张植弟经常在平阳坝治河工地上参加劳动，有一次他连续 7 天在治河工地同民工一起干活，肩膀磨破皮仍未离开工地。1999年 11 月 10 日，张植弟因心脏病突发在恩施去世，享年 69 岁，安葬于恩施五峰山烈士陵园。

2. 舒显桂

舒显桂（1917—1980），女，湖北省巴东县沿渡河镇石马山村人。自幼家贫，8 岁起，帮地主带孩子，17 岁与李光华结婚。婚后，夫妻俩几乎住遍附近所有的岩洞，过着居无定所、食不果腹的生活，新中国成立后才回到泉口落户安家。

1950 年，舒显桂担任村妇女委员，同年 12 月加入中国共产党，积极投身家乡的生产建设，一心为群众谋利益。1957 年，被授予特等劳动模范称号。同年，以茶叶生产劳模身份进京，受到周恩来总理的接见。1961 年起，舒显桂担任生产队保管员，经手保管粮食达数万斤，没有发生过霉烂。1969 年，舒显桂被推举为首都国庆 20 周年观礼代表，登上天安门观礼台。

舒显桂当时所在的泉口公社，山高坡陡，水土流失严重，粮食产量很低。为改善生产条件，党委决定将坡地改造为梯田，把山坡建成保土、保水、保肥的三保田。52 岁的舒显桂担任第八生产队坡改梯专班班长。八队专班的第一个工地选在砂土坡。这里满坡尽是碎石碴，要砌石坎，没有大石头，舒显桂就用背叉背来一块块大石头倒在基槽里。班长做出了表率，大家都跟着干，终于在砂土坡上砌起道道石坎，造出层层梯田。结束砂土坡工程后，舒显桂又率领专班转战瓦厂坡。一次，舒显桂正在打炮眼，突然坡上滚下一块大石头，坎下面的几个人没有发觉，情况十分危险。舒显桂毫不迟疑地甩掉手里的铁锤，快步跑去，硬是把石头抱住了。坎下的几个人幸免于难，舒显桂却被石头砸伤。在舒显桂的影响和带领下，这个专班团结一心，七年如一日，坚持改田，使"风吹石头滚下河"的张家梁子的面貌开始改变。村里的人说："我们这里的大片梯田，每一道石坎，都有舒显桂的汗水；每一块石头，都有舒显桂的手印！"

舒显桂长年累月，挖山不止，被人们尊称为"女愚公"。1970 年 6 月 17 日，《湖北日报》发表《神农架下"女愚公"》的通讯，介绍舒显桂带领群众自力更生、艰苦奋斗，坚持搞农田基本建设的感人事迹。

1971年3月，在中共巴东县第四次代表大会上，舒显桂当选为县委委员。舒显桂一心为公，积劳成疾，经检查，胸腔内长有肿瘤。组织上建议她到外地医院诊治，她不愿给集体增加开支，仍带着伤病参加劳动。1980年，舒显桂病情加重，卧床不起。11月22日，泉口公社党委书记和公社管理委员会主任等到病床前看望舒显桂时，她说："我在世没争集体的好屋场，死后也不能占国家的好地方。只要把我埋在村里，让我能看到泉口的变化……"11月24日舒显桂病逝。全公社的共产党员和干部群众为她举行了隆重的追悼会。1981年12月，泉口公社第二届人民代表大会一致通过为舒显桂立碑的决议。公社内外共千余人参加了立碑仪式。碑上镌刻着："神农架下女愚公舒显桂同志永垂不朽！"

3. 韩英

韩英(1950—2011)，女，湖北省巴东县沿渡河镇泉口村人。当时二大队二队的韩英当年还是一个年轻的姑娘，在生产队她积极学习，吃苦能干，男同志能干的事她也能干。无论是在严寒的冬天突击改田，还是在酷热的夏天上山打青积肥，在困难面前她从不退缩，被称为"铁姑娘"。"铁姑娘"韩英结婚的时候嫁妆就是一把锄头。

遗 珍

/Yizhen/

八字岩

——八字训诫佑子孙

八字岩位于清太坪镇东北部,是清太坪镇的一个自然村落,村落面积6.4平方千米,辖8个村民小组。截至2020年年底,全村共有326户,1232人。

八字岩

八字岩,原名"巴子岩",是一处险要的隘口,传说曾经是巴人为抵御外来侵略者在此屯扎驻守的关口。1947年,曾追随孙中山先生多年的清太坪镇吴家村人吴舜阶,在任巴东县参议的时候,请人在隘口两边的崖壁上篆刻"忠孝、仁爱、信义、和平"八个大字,八字岩因此而得名。

境内,马槽河流经其中。马槽河位于清江的支流桥河上游。关于马槽河名字的由来有两种说法，一种说法是河道边有许多形似马槽的石头，另一种说法是鸟瞰峡谷恰似一个马槽。马槽河发源于铁厂荒流域，流域面积140平方千米，河水流经八字岩，注入地下溶洞，形成暗河，穿越地下600多米重新形成河流。

河两岸陡峭的山峦，形成一条峡谷。春夏秋冬，景色各异。特别是到了秋天，峡谷中薄雾朦胧，置身峡谷，仿佛置身仙境。

到了冬天，马槽河的水少了很多，不见流水的轰鸣，可两岸的山峰依然葱葱郁郁，在薄雾的笼罩下显得更加深邃。马槽河上建有一座蓄水501万立方米的水库。从2015年开始，坝后1600千瓦的水电站将电源源不断地输送到大江南北。

再往上就是青龙洞和青龙观了。传说青龙曾在此栖息欲争霸一方，可战胜不了山中老虎，于是双方相安于此，互不干扰，一泓清泉汨汨而出。青龙观孤傲地挺立在八字岩的左侧，传说这里曾是降龙罗汉坐骑青龙的殿址，道观的遗迹至今仍依稀可见。生长在道观门前的大青树见证了青龙观的兴衰。老虎坪、青龙洞、青龙观这些具有传奇色彩的地名流传至今，让人遐想。

在青龙洞下方有一泓鱼泉，传说居住在此的村民因为缺少土地种植粮食经常感到饥饿，玉皇大帝知晓后，赐了一口鱼泉，待村民快要断粮的时候，鱼泉就会冒出许多鱼来供村民们食用。现在鱼泉已经被养殖企业替代，偌大的鱼池每年都有不菲的收入。

五家洞就像倒立的鼎钟，宽敞的洞穴让世人感叹。洞穴高10多米，宽20多米，洞穴深不知其源，从洞内流出的清泉清澈冰凉。传说，廪君率部西迁顺清江而至桃符口，有部落沿桥河顺水而上来到这里，巴、樊、曋、相、郑五姓人马驻扎洞中，五家洞由此得名。后来洞穴中曾有人居住，20世纪70年代末，原白沙公社还在这里开办了高中，五十几个学生来到洞前闲置的面厂上学。有眼光的商人发现了它的商业价值，因为水好且适宜窖藏，如今这里开办了酿酒厂，纯苞谷配上天然的好水，用祖传的手艺酿造的美酒再窖藏几年，深受市场青睐。

如今的五家洞更是人们休闲游乐的好去处，这里有酒、有故事，让人流连忘返。

白鸠坪

——一山一水一传奇

白鸠坪位于清太坪镇西北方向,属清江流域,位于花天河南岸,与大支坪毗邻,与建始县花坪镇隔河相望,是巴东县清太坪镇的一个自然村。村落面积约18平方千米。全村现辖9个村民小组。截至2020年年底,全村共有282户,1086人。

白鸠坪

相传远古时期,有一对白色的斑鸠栖息在村落的一颗大白果树上,大白果树下有一股清泉常年不枯竭,滋养着一村的百姓。这里因为有清泉、白果树和白色斑鸠，还有狭长而宽敞的平坝，因而被命名为白鸠坪。

在白鸠坪还有一个"九龟寻母"的传说。相传，天上王母娘娘的花园内有一池塘，住着一对金龟，这对金龟长得乖巧可爱，深得王母娘娘喜爱。金龟从小生活在一起，彼此爱慕，觉得在天庭只能是王母娘娘的玩物，不可能自在快乐，于是趁王母娘娘参加蟠桃会，它们偷偷下凡到人间，来到白鸠坪大白果树下的清泉边。这对金龟相亲相爱，在这里幸福地生活着，不久生下九只小龟。

王母娘娘回来，到池塘一看，发现金龟不见了，非常恼怒，派太上老君捉拿金龟。金龟听到消息，为了不殃及孩子，在太上老君还未到之前就双双回到了天庭，留下九只小龟在人间。这九只小龟睡到天亮醒来，不见妈妈，于是顺着狭长的平坝寻找母亲，就这样在狭槽中形成了九座形似乌龟的山，九座山依次是纱帽山、文笔山、学堂山、母山、胡家包、车风山（又名疯子山）、射堂岭、冠山、笔架山。

爬上白鸠坪的最高点，鸟瞰白鸠坪才发现景观的神奇，这里四面环山，在群山环抱的中间，有狭长的平坝。在平坝中间依次耸立着九座独立的山，把宽阔而狭长的平坝分成两半，形成两条冲槽。依山而建的别墅彰显了白鸠坪的富裕。物华天宝、人杰地灵，注定了白鸠坪从古至今就是吸引人驻足的好地方。

在白鸠坪文笔山脚下，曾有一处著名的衙门。传说，之前这里并没有衙门。明朝洪武元年（1368年），从白鸠坪走出去一个名叫谭愠的才子，他游学来到雷州府（今广东雷州一带），想求得一官半职，其学识、口才受到当地太守的赏识，太守想考考他的才学，就派他去审一桩杀人案，几经周折，这桩没有证据的案子被他破。从此以后，谭愠得到重用。晚年谭愠回到家乡，在白鸠坪的文笔山脚下仿照雷州府的衙门新修了一栋房屋，名为衙门。昔日富丽堂皇的衙门如今只剩断垣残壁。

学堂山因明嘉靖年间（1522—1566）当地一个名叫谭心传的人在此开办学堂而闻名。据传,谭心传曾在此开办私塾教了十来个学生。有一次，谭心传去"衙门"玩耍，吃饭时众人吟诗作对，谭愠的孙子出了一幅上联，谭心传及一桌的十多个人都没有对出下联。面对如此尴尬的局面，一个在衙门打杂的仆人却轻松地对出了下联。仆人的才学让开办了十年私塾的谭心传敬佩，暗想这个人肯定不一般。于是他找到谭愠的孙子，说要将他的仆人买去做书童。征得谭愠的孙子同意后，当天仆人就随谭心传来到了学堂山私塾。久而久之，谭心传发现这个书童果真才华横溢，加上谭心传好玩，于是就将私塾交给书童打理。有一天，谭心传来到宜昌府游玩，看到街市上贴着一纸檄文，大意是寻找一位名叫朱天明的皇族回朝廷任官员。檄文上的画像恰似家中的书童，谭心传大惊，等到夜深人静的时候，他悄悄地将檄文揭下，揣在怀里，连夜骑马回家。回到家中，谭心传叫来书童，仔细端详书童，询问他的真实姓名，书童感觉谭心传为人实诚，就将自己的真实姓名以及遭遇告诉了他。明正德年间（1506—1521），由于朝廷内乱，皇族争权夺利，朱天明逃难来到白鸠坪衙门，隐姓埋名做起了仆人。听完书童的话，谭心传才将檄文拿出来。第二天谭心传就送朱天明到宜昌府，并送他一百两银子作盘缠。

送走朱天明，谭心传回到白鸠坪学堂山，继续开办私塾。又过了七八年，谭心传为了拓展地盘，筹集银两在白鸠坪修建了五栏寨、仙风寨、盘龙寨三处寨子。看到谭心传修了三处寨子，周边嫉妒他的人将他告上朝廷，说他私修山寨，有谋反之意。状纸告到顺天府（今北京）府尹朱天明手中，朝廷派人将谭心传押到顺天府。在公堂上，朱天明认出了谭心传，将他请到后庭，行宾主之礼。后将谭心传无罪释放，理由是他私修山寨是为防"白莲教"反叛，有佐朝之功。一桩杀头案就这样翻盘。

离别十年，在顺天府重新相聚，朱天明挽留谭心传，让他在朝廷做官，于是谭心传留在顺天府任职，官至兵部尚书。三年后，谭心传无心做官，他找到朱天明要求回乡颐养天年。走时，朱天明给谭心传四十八道委令作为过关通牒。谭心传在回乡的路上，每过一道关隘，就拿出一道委令，关隘的太守们都会送一些金银给他作为盘缠。谭心传一路回乡，一路收盘缠，回到白鸠坪修造了朝阳观祠堂。五栏寨、仙风寨、盘龙寨、朝阳观历经几百年的风雨沧桑，后来被毁，如今只剩残迹。

老君洞位于白鸠坪村八组。传说远古时期，太上老君下凡到白鸠坪收复金龟的时候在此落脚，与鲁班各显神通。太上老君在老君洞打铁不用铁锤而用手，鲁班锯木板不用锯子只弹墨线。太上老君和鲁班神通不相上下，两人约定今后和平相处。在老君洞不远处，鲁班修了一座石拱桥，拱桥合拢的时候太上老君送鲁班一块铁錾用以稳固石桥。历经千年的鲁班桥至今完好，更神奇的是那块铁錾至今仍在。

神奇的老君洞经历风霜雨雪和战火的洗礼，历来都是兵家必争之地。

明清时期，白莲教组织在此屯扎抵御明军、清军。民国时期，当地团防武装谭明桓、吴月茹在此屯兵扎寨，与地方土匪交战。

老君洞洞穴非常大，千奇百怪的钟乳石遍布林立。洞内有若干条岔洞，堪称洞中有洞、洞上有洞。

老君洞门前是野三河和支井河的交汇处，叫作两河口。随着清江水布垭大坝的建立，千年湍急的流水一改它的野性，温柔地流淌在山脚，波光粼粼。经过老君洞门前的一条恩宜茶盐古道记录着岁月的变迁，见证着白鸠坪的兴衰。凝望现在孤零零的古道，当年贩盐、贩茶的商队仿佛就在眼前，嗒嗒的马蹄声和铛铛的马铃声仿佛回荡在耳畔。

20世纪70年代，清太坪区（原七区）在此开办了共产主义劳动大学，巴东、建始的很多学生在这里边学习边劳动，老君洞呈现难得的安宁。

从清朝末年开始，老君洞就一直有人居住，龙姓人家就世代居住于此。龙长翠一家是我去采访时居住在老君洞的最后一户人家，政府早就动员他们一家搬出了祖祖辈辈居住的老君洞。虽然搬出了熟悉的洞穴，但他们还是舍不得老君洞，时不时要回到这里居住一段时间。

穿心岩
——千年佛缘心安处

穿心岩位于巴东野三关镇东南方向,距离野三关镇所在地 19 千米,平均海拔 1418 米。截至 2020 年年底,全村共有 496 户,1720 人。

穿心岩

广义的穿心岩由鹰子岩、穿心岩、大佛寺组成。整齐的绝壁山崖在 400 多米高的峰顶凭空伸出一个貌似鹰嘴的崖,鹰子岩因此得名。鹰子岩以东,距离鹰子岩约 500 米的地方,一个巨大的山洞穿透整个山体,使山后的风景完全呈现在人们眼前，其浑然天成的景致令人惊叹。在鹰子岩南边方向的对面，有一座形似毛笔的山峰，就是今天的大佛山。

大佛山上有一座修建于东汉时期的大佛寺。大佛寺的牌匾记载：

盖闻汉明帝时，中国有佛故，巴峡有神镇大佛仙山，筑建庙宇，常显威灵，无如代远年湮，毁瓦昼墁……

佛教自西汉末年传入中国以后，逐步蔓延传播。东汉末年（约208年），天下大乱，战事纷纷，群雄四起。从蜀地云游的和尚走到穿心岩，被这里的风景吸引，加上外面战乱纷纷，而此处安详静谧，于是在这里逗留了一段时间。在形似毛笔的半山腰，有一个10多米宽的岩蹬，和尚从山脚爬到半山腰，非常疲惫，于是在此歇息，突然飞来两只白鸽落在和尚休憩的青树上，和尚心想，我刚上来就出现了象征吉祥的白鸽，说明此地是一块弘扬佛法的宝地，于是有了在此兴建庙宇的想法。可是这个石蹬（平台）上是200多米高呈90°的悬崖，石蹬下是100多米高的悬崖，在仅仅10多米宽的石蹬上建造庙宇有点窄，恰巧石蹬的岩根向内凹进去一些。和尚在石蹬上来回走动，感觉这一定是天意。历经3年时间，一座建在山崖岩根的庙宇建成，正房三间，为石木结构。庙宇建成后取名"大佛寺"，形似毛笔的大山从此被命名为"大佛山"。

大佛寺建成后，香客不断，烟雾袅袅缭绕山腰，弥漫山谷。让穿心岩、鹰子岩、大佛山有了灵气。有诗曰：

大佛居寺上，常闻有道仙。

凭观形似笔，倒拽似撑天。

置以云为墨，还将雾作戈。

横连三四五，直接界三千。

在战乱年代，大佛寺几次被毁。明清时期，白莲教兴起，又有土司争夺这块宝地，大佛寺饱受战乱的摧残。直到清光绪年间（1871—1908），当地有识之士才组织重修。那时佛教和道教融合，大佛寺的建筑风格有所改变。寺庙重建后，庙内供有如来、观音、土地神塑像。

在大佛寺外下方约3千米处有邓氏（邓长春）墓碑联"前有大佛山形似笔，

后映金银顶朝冠来",足以证明大佛山的闻名。

千年古刹大佛寺虽然经历战乱,多次被毁,如今只剩断垣残壁,但它一直护佑着一方平安,给虔诚的人们带来精神慰藉。

从清朝末年和民国时期起就有人作诗记录大佛寺当年的繁华。有诗为证:

> 若天竖宝笔,尤似大佛山。
> 因此而得名,历史甚渊源。
> 溯源汉明帝,巴峡威灵显。
> 昔貌多不在,菩像俱已湮。
> 岩还存神座,石刻尚留言。
> 传闻有确春,盛未无增减。
> 邻有贪心者,扩凿再不现。
> 后有鹰子嘴,岿然卧云天。
> 来客抬望眼,万山如泥丸。
> 侧伴穿心岩,天生照镜面。
> 俯视农家户,似蚁收眼前。

有着近两千年历史的大佛寺终究抵不过战乱的摧残,化作残垣断壁。有识之士作诗哀叹:

> 昔日大佛山,现名岩屋场。
> 碑铭永不朽,今石作雨板。
> 昔时佛仙庙,现成一民房。
> 谁说有神灵,正道是沧桑。

有着千年佛缘的穿心岩吸引着外来的游客,让生活在城市喧嚣中的人们找到了一块难得的净土。在这里,人们呼吸着大自然的清新空气;吃着富含硒元素的高山无公害蔬菜;穿行于植被茂密的林间,聆听鸟儿婉转的歌唱;置身于烂漫的花丛中,露出惬意的微笑;鸟瞰岩下万顷田园,农家飘出的袅袅炊烟让人有一种返璞归真的感觉。穿心岩、鹰子岩、大佛山将无尽的美展现在世人面前。

高阳寨

——道观巍峨吟古今

高阳寨地处野三关镇东部。东面是缓坡,西边是悬崖,鱼泉河、木龙河东西环绕谷底。

高阳寨

奇特的地形地貌让高阳寨久负盛名。它是一处避暑胜地,一处文化乐园,一处静谧乡野,一处值得探究的秘境。

据记载，东汉年间（78年），邓训（40—92年）"奉帝诏至鄂地查边，皆鄂地之西自古呼为南蛮，之不习风化不遵朝令。为明实情禹公之子多能者亲往鄂地，训公带随从十数人众巡视鄂地……"（《邓氏家谱》）。邓训一行过野厢河一路前行，到一处高山之地，见此地山高险峻，可一览无余。山高水秀，方圆几里四处有溢水，常年不枯竭，是一处生息养颐之地。于是他告诫随从，以后可定居此地。邓训等继续前行，一路平坝、冲淌遍布，居住人口甚多，邓公叹服此地肥沃。

邓训有五子一女，其女邓绥为皇后。102年，二十二岁的邓绥由贵人升为皇后。105年12月和帝卒，皇长子平原王刘胜有痼疾，邓皇后遂立出生百日的刘隆为帝，史称殇帝。后邓绥以太后身份临朝听政，封大哥邓骘为车骑大将军，仪同三司。后来，年仅两岁的殇帝病卒，太后又与邓氏兄弟商议立清河王刘庆十三岁的儿子刘祜为帝，是为安帝。太后仍临朝听政，又封邓骘为大将军，以辅朝政。

邓绥在临朝听政期间，时有大臣上书还政安帝，遭到太后杀戮。邓绥太后临朝听政，辅佐二帝十九载而卒。太后死后，安帝刘祜改年号为建光。他亲政后，重用外戚。用耿贵人之兄耿宝为监羽林左军车骑，阎皇后兄显、景、耀为卿校，共掌禁军。又封宦官江京、李润为候，外戚、宦官遂肆虐于朝。

邓绥太后死后，邓氏失去靠山，此时安帝的乳母，后封野王君的王圣，黄门江京、李润等宦官为独揽朝纲，合谋算计邓氏，诬告太后与邓骘诸兄弟曾欲废帝另立，有谋反之罪。安帝听后大怒，下诏"尽诛邓氏"。邓骘闻讯，令后辈邓钦甫带家眷出逃，邓骘时年七十岁，自思难逃，决心杀身明志，以示清白。邓钦甫携邓氏家眷家丁历经千辛万苦来到一处偏僻乡野，最后在今天的野三关马眠一带落业。邓氏后从马眠分出耳乡湾一支，邓氏子孙回想训公（邓训）当年巡查鄂地所言，于是有人从耳乡湾、秭归等地迁移至训公所言之地居住。至隋朝末年，天下战事不断，为求一方平安，邓氏子孙拟在山上修建庙宇，遂将此山取名为"高阳山"，用以纪念祖先，保佑后世祥和。

高阳山上的道观始建于唐朝初年（约617—620年）。据碑志记载，"仁威宝殿创建日久，询诸处老佥云，自唐厥后，契地重修、补修者代不乏人……"，与历史基本吻合。

高阳寨邓氏所居之处，现为邓家湾，至今仍有邓姓人家居住于此。至明宪宗成化八年（1472年），因战乱，为了均衡全国人口，政府推行"江西填湖广、湖广填四川"的大迁徙政策，张氏张华举家从江西吉水县西迁至今天的湖北巴东野三关镇张家村，"挽草为籍，斩棘拓荒，开垦照界，繁衍生息"（《华公张氏族谱》）。

张华落业野三关张家村后，生育二子，长子张贵方落业于野三关以东10多公里的大江坪（现大甘坪）；次子张贵甫落业于张家村，传三代，生张彦升、张彦宗、张彦中、张彦才，其中长子张彦升的后代分支落业于野三关东北方向10公里处的故县坪。

明清时期，白莲教起事，肆意杀掠，"巴邑蹂躏，流寓别郡者甚"，居住在高阳寨的邓姓家族经历历史的演变，逐渐衰落，所剩住户不多。嘉庆元年（1796年），大江坪张氏张国祚房中第十四世孙张旦由大江坪迁往高阳寨，张国太房中第十三世孙张尚纶也迁往高阳寨。此后高阳寨张氏居住者甚多，使高阳寨重新繁华起来。（《华公张氏族谱》）

循着古人千百年的足迹，从故县坪一路向上，经兰家湾、铜盆淌（坑）、朝故坪、鼓楼垭、姚家岩、天鹅池、大水井抵达高阳寨，穿行于蜿蜒曲折的乡村公路，领略美丽的自然风光，感受炎热后的凉爽气息。古老的故事时刻出现在记忆中，当年居住在此的张氏家族蒸蒸日上的景象似乎历历在目。

清初，农民起义领袖李自成部下刘体纯、李来亨派遣其部将刘应昌率两千兵马由巴东过江，昼伏夜行至野三关，野三关周边各姓氏族群见刘体纯势力庞大，均率部响应。后来，清朝政府剿灭刘、李农民起义军，各姓族酋尽归顺清朝政府，清廷以"皆蒙世祖章皇帝（顺治）照衔给礼，钦赐衣帽、鞍马、什物。赴部候推其实授者，副将张翼孔、谭明问等也。余各随标食俸。续于康熙十年，题名安插巴东,带札恳亩共三十一员……"（《宜昌府志》）。故县坪张翼孔授副将，张绍孔授游击衔，张税孔授湖南参议衔，张悦孔授副将衔，张自孔授湖南长沙守备衔。

铜盆淌也叫铜盆坑,是张氏家族在高阳寨的聚居地。传说此地属于聚宝之地,故称"铜盆坑。"在离铜盆坑300多米的地方有一坪叫作"道子坪",传说是张氏子弟在此练马习武的地方。张氏家族兴旺发达。据载,清末廪生张钦仕致仕回乡,在高阳寨山下修了五座大庄园。同治年,张钦仕修建高阳寨城口(今柳家湾),鼓楼山的黄岩修建两座庄园。

张氏发达以后开始对高阳观进行补修。碑志记载:

> 仁威宝殿创建日久,询诸处老佥云,自唐厥后,契地重修、补修者代不乏人,碑则志叙补修,娆缶碣则然矣,欲模而诵之其宇,得乎自我。大清雍正六年重修,越乾隆、嘉庆、道光、咸丰历代补修。石可考焉至同治七年,我先父候公补修仁威宝殿。光绪七年改修三仙殿,逾二十七年六月六日明刻,雷雨骤至,垣碣颓废,栋忽崩废地址,二圣存于庵寺,不忍坐视仍继,先父之志而独立难支,遂重解仁人之梦,补修仁威突殿并观音三仙二殿,培补告竣,勒石修碑,永垂不朽,以伶后之善人云,而立,为序!

高阳观初建于隋末唐初,后被毁坏。清光绪七年复建,到光绪二十七年又遭自然灾害毁坏复修,后来经过历代修补。如今呈现在眼前颓废的观宇见证了历史的兴衰。

当年高阳寨的繁华从遗留在碑志上的诗词可见一斑。只可惜由于年代久远,有的被毁,有的字迹模糊不清,在这里记录可以采集的原本以飨读者。

咏高阳寨

清文生 张德高

偶步名山古寺巅,岩悬万丈接遥天。
钟声响作云天外,梵刹荫连野渡边。
龙游凤洞甚蕴藉,凤有天窝任盘旋。
果然气象仙人地,不让蓬莱共远传。

咏高阳寨

清廪生　张文琳

春阳有脚任遨游，定入云山不肯收。
四壁画屏牢锁钥，一声冷岩颤梧楸。
云生绝涧幽僧住，月到空庭为客留。
试问此间高名士，古今来往几浮邱。

悬岩赞

清廪生　张钦仕

悬崖峭壁半遮天，日如抛梭织殿前。
真果修得是好景，钟鼓响彻敬神仙。

赞高阳

清进士　詹先甲

一峰耸立翠湘中，呼吸遥望帝生通。
香茴高阳高万丈，四山罗列尽儿童。

题咏野三关高阳寨

清廪生　张钦仕

高阳峻岭两三峰，四面青山如仕龙。
水绕白云悬坠外，天云朗朗数钟声。
拔地危峰峭壁周，四围于绕水溪流。
北城把守灵官显，南路崎岖险境留。
王殿将军停马走，天窗风洞相云游。
巉山漫道难占卜，允定高阳协吉秋。

雅句

清 张明全

一峰高踞万峰巅,古寺传来不计年。
日落携筇任眺望,钟声敲罢白云天。

咏高阳观

清廪生 张明发

咏到高阳是锦笺,愧吾弱冠不来联。
每聆钟罢于催钵,敢诩丹钟诗谪仙。
诱得青山系彼岸,头高红日涉尘缘。
威驰骏马凌霄地,才会端部猛着鞭。

步陨

清廪生 张明发

高跨彝陵第一峰,云腾雨霁若飞龙。
严威显赫三千界,举世诗才勒丹钟。

题高阳观威灵殿

清增生 张明高

辉煌殿宇气新重,势压云山万里春。
更爱庭前苍柏古,郁荫常覆往来人。

咏高阳山

清廪生 张明朗

阆苑蓬莱只口传,丛林到此果魏然。
山留画本晴云外,人在普陀古寺巅。

漫道琼楼高十二，浑忘尘世有三千。
清朝试看神光现，疑是银河下九天。

咏高阳山

清　张明荧

古寺玲珑四面开，最高顶上任徘徊。
千寻宝塔撑红日，一色祥光接紫元。
笔架山头遥拱照，"天窝"水面自潆洄。
天边雅趣漫容聆，悟出莲花是妙才。

咏高阳观

清监生　张维馨

独羡高阳景色悠，乾坤万里一壶收。
仰观世界三千数，俯察山河十二洲。
梵宇重新全身现，天工久代祖迹留。
眼前不便吟佳句，有客题诗在上头。

咏高阳名山

清生员　张必达

云幽分明别有天，登临直到翠微巅。
此中岂无灵心景，可悟仙机了俗缘。

古刹留

清贡生　郑之清

来第一峰群山众，洌透千重召人顾。
学长幕庭情何已？仙人见旧陨归宇。

进香

清廪生 谭德音

香入武当山,

又回高阳寨。

秋通寨子梵,

宝旌吉伟祥,

留此照禅间。

高阳寨诞生了许多文化名人。位于天鹅池畔张氏屋场总能让人追忆往昔。天鹅池是一个宁静的湖泊,吸引天鹅来此栖息,给这处高山静地增添了灵气。张氏屋场的主人名叫张明发,名仲孝,字兰陔,是清道光年间的文林郎。碑志记载:

孝笃于家庭,教行于乡里,如我师兰陔先生,不愧天地伟人矣。书遂步丈十数载,先生生平行事,书知为悉,少言不慕荣利,好读书,髦老弗衰,蓄道德,能文章,功名其余事,耳尤可纪者,孝行纯全,克承父志。祖大策公因喧登仙,父钦仕公以祈年之祝,不灵冈极之恩莫报酒肉,不忍入口者数十余年。先生亦礼父心,酬祖德,读书至羊枣而伤怀,每食以茹荤,为深戒视前代,考廉方正之士为何如也。选举既发文学,必藉科第,显老成谙练之才。多限于词章,不得尺十之柄以展抱负,先生日吁大丈夫不能行道当时,亦当传道来世。于是设帐谈经,愈愚化顽一晴间,风向化负,笈从游类皆少年英俊,才得心传而列胶庠者亦复不少其教人也,先器识后文艺,先学问后事功。当言曰要鞭辟近里者已母,苟且循外为人书,难未能身体力行,心窍向往之,较世之材,学究讲训诂而善忘习章,句而多舛者相去不啻霄壤矣。先生行年五十无子当愿书,而谓之曰张后有子不及,见其成立,汝当为我善教之,如我之教汝也,书曰敢不惟命是从,乃享年不久,光绪二十七年，先生方五十有三仅一女而卒，遗言以弟子安箓为嗣，置学田数百金以为子侄读书者，勤书者闻之泣，数行下日，先生之存心可谓厚，矣天之待，先生何若是之薄耶。三十七年安箓为先生修墓卒志于书，志者记也！

受业廪生田种书撰题

张明发的门生很多，他的门生后来都成了周边地方有名的文人。他的门生对他的品格、学识都敬佩有加。现存张明发的碑文可以佐证：

车山以后忆巴东，绵绵簧传一贯通。
攘外参差皆李白，门前次第看桃红。
春风何意春归早，化雨有心化不公。
没使斯文终未丧，杜鹃日日泣残红。

赞兰合羽真如兰，春风化雨洒巴山。
感怀圣公效曾贤，为祖戒晕考更难。
不勾临财同杨震，公平处世抱江湛。
由此高阳留胜迹，一带斯文万古传。

品格净崏志气雄，音容极像白云中。
诗书满腹堪韶比，孝友传家丰义同。
心地给情人濯之，砚田线德雨濛之。
冈来宝庆文亲好，片石勒名彩古风。

福福先生，毕世之英。
孝慈德情，文笔老未。
如玉之润，如冰之清。
勒诸晶石，善士垂名！

高阳寨秀丽的自然风光和深厚的文化底蕴，无疑是世人向往的理想之地。

葛藤山
——一店一碑好寻根

位于巴东县野三关镇北部葛藤山村因满山生长葛藤而得名。葛藤山村是一部记述本土风情的史书,从中你能品读到土家故事和文化。

葛藤山

岔二河,是由李四沟和寨沟在穿心店汇集而成的独立河道。站在岔二河的高处眺望,人们总会惊叹于眼前秀丽的山水,正是有了这山水的灵气,岔二河才有了历经 400 多年风雨的穿心店古驿站。

据考证,穿心店是"川盐古道"野三关段的一个驿站。明天启元年(1621年),从四川运出的食盐进入湖北境内,途径利川市柏杨镇、大水井、老屋基、纳水溪、张家寨、梅子水古村落、宣恩县沙道沟镇、椒园镇庆阳坝凉亭街、两河口镇彭家寨、上洞坪老街及盛家坝小溪村、恩施屯堡乡罗针田村、建始县高坪镇石垭村及巴东野三关。穿心岩成了盐夫运盐在此歇脚食宿的驿站[①]。

400年前,穿心店就坐落在山谷平坝。岔二河蜿蜒在块石铺就的街道背面,街道从两排板房的中间穿过,故名"穿心店"。来来往往的客商赶着骡马,马蹄走在街道上发出嗒嗒声,打破了山野的宁静。在此歇脚的客商们将骡马的缰绳交到客栈老板的手中,客栈老板就会主动卸下骡马背上的茶、盐,把骡马们牵到房屋旁边的马棚里,给骡马喂一些苞谷梗子。细心的客商还会拿出一些食盐,交代客栈老板给梗子喷上足够的盐水,好让劳累一天的骡马吃一顿饱饭。骡马卸下货物,摇头摆尾,扬头喷出热气,然后仰天嘶叫,一身轻松地吃着喷了盐水的苞谷梗子。客商们会要求客栈主人安排一间清静的房间,三五人在房间聊天,吃着主人端上来的土家炒腊肉、榨广椒、炕洋芋,喝着本地苞谷酿造的烧酒,尽兴的时候还会学唱土家五句子山歌,虽然唱得不在调上,但欢乐的气氛弥漫房间,旅途的劳累一扫而空。客栈主人进房问候的时候,他们就会爽快地掏出一把碎银,交给主人说:"多余的暂且收着,下回驮运的时候一并算账。"

背夫们背着脚背篓,沉重的食盐压在脚背篓上,背篓嵌到肉里,打杵子杵在街道的石板上,发出有节奏的啪啪声。背夫们路过穿心店都会歇上一会,因为是老熟人,背夫们随便将背篓往谁家的阶沿上一靠,马上就会有人打招呼:"这回又是一百四五十斤吧,看把你累的,快进屋歇会儿,喝杯茶再走。"背夫们拿出自带的干粮,喝着主人免费提供的茶水。能喝酒的背夫,会打来二两苞谷酒,边喝边说行走在古道上的点点滴滴。

穿心店见证了古代商业的繁荣,也见证了茶盐古道上养家糊口的背夫们的辛酸。

[①] 邓军:《川盐古道文化遗产现状与保护研究》,《四川理工学院学报(社会科学版)》2015年第5期。

如今的穿心店,繁华的景象早已荡然无存。仍有几户人家坚守在这静谧的平坝里,老房子也成了保护文物。

境内的大碑坪,明清时叫作"红石马"。据《雁门堂古楼山田氏祠谱》记载,雁门堂乃华夏千秋一脉,古楼山田氏总祠因明一世祖田氏子璋公举家南迁,建古祠堂于湖北省巴东县古楼山而得名。

始祖高公,明逸士,讳子璋,原籍幽州府燕门关,军房人氏。于明宣德年间诏令湖广省承宣布政,分巡上荆南道(原属荆州府),告老之际,羡南川景物之盛,自愿弃官归隐,奉文宜昌府巴东县后里前一都新化乡红石马下马落业。具公所生三子,长子如海,次子如山,三子如湖,此尔孙之所自来也。总祠谱开五房。田如海,驻小石桥,大房之始祖,外迁重庆云阳孝龙公(子国华)支系,湖北巴东君彦坪选龙公支系(子国明、国忠)亦为大房后裔。田如山住核桃坪,其后裔田端住葛藤山。田如湖住古楼山。

田氏在葛藤山大碑坪落业后,生息繁衍,代代兴旺。与田氏"尚武报国,恳亩创业,尊师重教,孝老睦亲"的家风分不开。

至清乾隆三十七年(1772年),田氏后裔田谓龙夫妇功勋卓著,受到乾隆皇帝诰封。制曰:

宠缓国爵,式嘉阀阅之劳,蔚起门风,用表庭闱之训,而田谓龙乃左都督管广西提标前营游记事田国玺之父,义方启后,毂似光前,积善在躬,树良型于弓冶,克家有子,拓令绪于韬钤。慈以覃恩,赠尔为荣禄大夫。锡之敕命于觐,锡策府之微章浡成恩泽。荷天家之休命,永贲泉垆。

怙恃同恩,人子情恩于将母,赵桓著绩,王朝锡类以荣亲。尔张氏逎左都督管广西提标前营游记事田国玺之母,七诫娴明,三迁勤笃,令仪不忒,早流珩瑀之声;慈教有成,果见干城之器。慈以覃恩,赠尔为夫人。于觐锡龙纶尔焕彩,用答叻劳,被象服以承麻,允光泉壤。

乾隆三十七年十月

历经百年风雨的田氏祖屋随着历代后裔的外迁,已消失不见。落业公田子璋去世后葬在此处,后改地名为大碑坪。

有后人作《大碑坪赋》纪念:

> 头枕凤凰岭,似振翅高飞;脚登大龙湾,欲宏图大辰;腰环马家河,如天玉带;左扶笔架山,书千古传奇;右牵娃娃寨,衍千秋万代。大碑坪,如明珠般镶嵌在武陵山、大巴山两大山脉的交汇点,扼川鄂咽喉,得天地精华,历世事沧桑,得一族播迁而兴。明时大碑,偏寄湖广隅,属宜昌府巴东县后里前一都新化乡管辖,虽为古官路要冲,然明县志仍称之为蛮荒之。殆柳子厚所云"周王之马迹不至,谢公之屐齿不及"者也。始祖高公讳子璋,本京城逸士,雁门旺族,承宣布政,分巡上荆南道,犹羡江南景物之盛,遂辞官归隐,至此下马落业,开基古楼,田代一脉,筚路蓝缕,以启山林。椒实愈繁愈兴,文明愈启愈盛。登庙堂而游宦途者,数不胜数泮宫而报国家者,星繁莫稽。瓜瓞绵绵,播衍十余省市,族姓绳绳,孕育数万之众。古时蛮荒之区,变钟灵毓秀之地,祖宗之遗德远矣大矣,尤英雄辈出而振,子璋公乃军房人氏,后辈皆任布政使,文武皆备之雄才也,明者因时而变,知者随事而制,于明宣德年间告老归隐,耕读传家,勤治武功,将门遗泽,俊秀繁兴,族茂麟趾,宗固盘石。明末世变,志士蓄势而起,清廷入关,贤能顺势而动,镇广西,破苗岭。玉珍恩封三代正一品荣禄大夫,襄荆州,征云贵,仲敬官拜都督同知总兵,随标效力官至五品以上者达五十有余。看今朝,战场拼杀显神威,阅兵大典展风采,授人民解放军校级军衔者,不胜枚举。吾族大房田盛文者,抗美援朝,英勇顽强,喋血上甘岭,堪为楷模。风云帐下将军在。偏僻山野奇龙多,大碑坪子孙蔚起,精忠报国,功昭千秋,植时代沃土而盛。宋时巴东,人口凋敝,刀耕火种,依山围猎。县令寇准怜民清苦,亲撰《劝农歌》:"苍天在上,厚土在下,效我神龙,五谷丰登,挽草为业,定居稼穑",劝名弃猎务农,开启农耕文明之序幕。清军入关,平定中原时,推带割垦亩新政,吾族数

十先贤携众官军回籍,铸剑为犁,经营故土。大碑坪方圆数里皆为祖产,五房住地亦开良田万顷,创一时农业文化之鼎盛,今瞰大碑坪岭岭沃土,无不浸透先辈之心血汗水,每每感佩之至!迨及新中国改革开放初年,胡耀邦至大碑坪所属野三关镇劝农经商,大碑坪子弟响应号召,商贾辈出。尤建筑铁军,战高山,破天堑,出边塞,跨国门,屡创高铁建设之奇迹。始祖子璋公兹六百年矣。欣五房之众重聚大碑坪,饮水思源,寻根问祖。奇山在,水长流,族业新,人长久!阵雁起东风辈出英雄。从居三楚落业处,气贯长虹!

大碑坪安详地把历史文化留给了后来人,让寻根土家文化的人们流连忘返。

遗珍

故县坪
——巴东最早的城市遗址

故县又称故县坪,位于巴东县野三关镇高阳寨村。故县是汉朝至六朝(200—589年)时期巴东的一座县城。2003年,考古专家们对此地进行发掘,发现陶器和板瓦等汉代文物。

故县坪铜盆坑

《2003年巴东故县坪遗址发掘简报》记述如下：故县坪遗址是恩施州境内保存较好的大型古代遗址，我们此次发掘的面积不到整个遗址发掘面积的十分之一。尽管如此，经过我们认真仔细的工作，不仅弄清了该遗址的地层堆积状况和文化层分布状况，而且还发现了汉代至六朝时期的灰坑5个、灰沟1条，明清时期的房屋遗迹1处、灰坑2个、灰沟1条、砖室券顶墓2座，出土了较多的石器、陶器、骨器及瓷器标本，为研究该地区汉代至六朝，乃至明清时期的政治、经济、文化提供了宝贵的实物资料。尤其是在该遗址的明代砖室券顶墓中发现的腰坑葬俗，在鄂西南及三峡地区均属罕见。据考证，腰坑葬俗最早盛行于殷商时期的关中地区，春秋以后逐步向周边地区传播，三峡地区的腰坑葬较少，且最晚也只见于东汉至六朝时期。地处鄂西南高山腹地的故县坪遗址发现的腰坑墓，不仅为腰坑葬的研究提供了最晚的实物例证，也说明了文化传播的梯级效应，同时也说明了地处鄂西南高山内陆腹地的土家文化与中原地区的汉文化自古以来就有着密切的文化交往。从故县坪遗址发现的遗迹与出土的遗物看，从汉代到六朝时期，这里人类活动频繁，后来曾一度衰落，至明清时期再度繁荣。但总体来看，由于故县坪遗址地处高山腹地，水资源严重缺乏，特殊的地理环境，使其能够承载的人口数量非常有限，以至于现在这里也没有发展成为一个较大的城镇。

距今1800多年的故县是巴东县最早的城市。据《巴东县志》记载，故县在元朝时叫新化县，与当时长江以北的旧县同属巴东二县。在当地民间流传着这样一个传说：由于故县坪地处低洼平地，后面山高坡陡，有一年天降大雨，山洪暴发，大面积的泥石流致使故县坪受灾严重。从山上奔流而下的一股洪水朝着故县坪的一所学堂呼啸而来，眼看洪水就要吞没学堂，突然在学堂大门前出现一个白髯老者，他口中念念有词，然后手指向别的方向，呼啸而来的洪水突然改道，使学堂幸免于难。

关于故县坪，还有一个传说。相传故县坪这个地方土薄地瘠，有人建议把县城搬迁到长江以北。县官犹豫不决时，有人建议将故县坪的土壤取出，和巴东江北的土壤比较，看哪个地方的土重，土重处就是建城之地。县官一听有理，于是将两处的土壤取样称重，结果巴东长江以北的土重，就将故县县城搬迁到了巴东江北（即现在的旧县坪）。故县坪从此结束了它县城的历史。

到了明朝隆庆年间（1567—1572年），张氏张彦升从野三关大甘坪分支落业于故县坪，在此地繁衍生息。明末清初，故县坪的张翼孔被朝廷钦授为副将，张绍孔授游击衔，张税孔授湖南参议衔，张悦孔授副将衔，张自孔授湖南长沙守备衔。

如今的故县坪就像一幅柔美的画，田园、小桥、流水、袅袅炊烟、淡淡薄雾交织在一起，如诗一般恬静。

义门

——家有紫荆绵世泽

义门村位于巴东野三关东北方向，距离集镇11千米。原属于菜籽坝村，2015年合并村级组织后，隶属于野三关镇玉米塘村，紧邻318国道，是一座历史悠久的古村落。义门历来也是家庭和睦、氏族兴旺的典范。

唐朝时期，田氏落业公田珏受唐宪宗李纯之令，平定川西刘辟叛乱，后奉命东下，镇守巫夔，落业巴邑泊乐乡马跑水龙桥坪（又叫老村，今巴东茶店子镇茶店子村七组）。田氏落业后，大兴土木，房子建起后，在房前栽植紫荆树，屋后种植伯仲花，以紫荆堂铭为传家之鉴，垂训子孙。至1139年，田氏第十一代传人田思全九代同堂，其家庭成员之间以敦睦孝义相处，以至于家中的动物都受到了感化，有"家畜十犬，一犬不至，九犬不食"的美谈。其公德感动朝廷，宋哲宗派人详查后钦授"义门"匾牌，以示嘉励。到1339年，田氏第二十一代传人田伯渔、田伯济分家各自置业，田伯济将祖上的"义门"匾牌带至野三关境内的一处村落，效仿祖上"九代屋场"的建筑格局修建了房屋，房屋落成，此地命名为"义门村"（《田氏宗族与容美土司》）。

义门的建筑呈"井"字形布局，正门进去是四个天井，左右两边各有一扇大门，再进去各两个天井屋，是典型的四合院建筑风格。房屋前面的西流河缓缓流过，房屋后面是起伏蔓延的山脉，构成了义门屋场的靠山。在两道山脉之间自然形成的土家坪绿水盈盈，波光粼粼的绿水招来满塘的白鸽，夏天的蛙声与飞舞的白鸽相映成趣，宛如仙境。只可惜有700年历史的老屋如今已破败不堪，仅存的第一个天井屋的门楼石柱上的石刻清晰可见，石刻上写着"燕喜莺迁新甲地，槐青紫荆旧家风""家有紫荆绵世泽，门垂碧柳罨书声"，足以见证义门当年的家风和信仰!

有近700年历史的义门村,宏大的建筑与旖旎的自然风光相互映衬,房前屋后的紫荆树和伯仲花一年比一年茂盛,田氏家风仍在传承。义门村田氏在传承紫荆家风的同时,还传承了忠、孝、礼、义、信的儒家思想。

义门田家老祠堂

据考证,义门曾遭受过几次火灾。晚清时期,一个居住在义门老屋的武秀才田祥开组织修复烧毁的房屋,所有建筑用的木材都是用水牛从土家坪拖下来的。经历一年时间,终于将烧毁的部分房屋修复。在义门村,田氏家族依然效仿祖先畜养家狗,喂狗的石槽和拴狗的紫荆树兜至今尚存。

在离义门田氏屋场约600米处,有一个叫庙坪的地方,在2000多平方米平坝的对面,兀然耸立着一座山,高50多米,山背面紧临西流河下流的愚公河,山顶至河底高300多米。在这座山的山顶曾经有一座庙宇,据考证是元末时期的建筑,远道而来的香客来此朝拜,自觉前去感受义门田氏的淳朴家风,一直持续了几百年。

位于义门村左侧900多米的小垭岩始终守护着义门村。高耸云端的山峰凭空伸出了垭枝形成垭岩,人们无不惊叹于它的雄伟。鬼斧神工的自然风光为义门村增色不少。

郑家老屋
——继序其皇传家远

郑家老屋位于巴东县野三关镇泗渡河村。它临泗渡河而建，临水居高。

郑家老屋始建于清代中叶，坐北朝南，背依山峦，距今已有230多年的历史。郑家老屋的建筑风格为风火山墙穿斗架梁式四合院，建筑面积905.75平方米，是保存比较完整的古建筑群，2002年被列入恩施州文物保护单位名录。

郑家老屋

据《郑氏家谱》记载：郑氏先祖南琰公祖系江西吉安吉水县人，传至公辈十有八世，子孙繁衍，仕宦间有，相望者迨不乏人。南十七世子孙郑文珩所生四子（光韬、明韬、政韬、瑚韬），长子郑光韬原籍湖南澧州石门北乡十三区商溪人氏。自乾隆三十三年（1768年）思以一身继开之任，率妣舍旧图新佑南（湖南）迁北（湖北）冒霜露，披荆棘险阻，艰难备尝，千里跋涉，移居湖北巴东泗渡河，置户落籍，耕读传家。

据考证，郑氏家族在泗渡河的落业祖为郑光韬。相传，郑光韬来泗渡河拓业之时非常艰难，但他的妻子覃氏贤惠能干，郑家在泗渡河发家扩业，与其妻覃氏是分不开的。

郑家落业后，出行的路途被房屋前面的河流阻隔，于是郑家设置了一处渡船的地方，泗渡河的名字便由此而来。古时渡船的地方被称作船溏。河两边岩石上拴船绳用的石眼至今仍在。泗渡河涨水时水势湍急凶猛，不能行船。发家后的郑氏家族就在船溏下游十几米的地方修建了一座木制廊桥。清道光十九年（1839年），该桥因涨水冲毁，之后屡建屡毁，船溏的渡船就一直沿用。

郑光韬思维敏捷，加上夫人覃氏能干，郑家落业后不到20年就开始发家。传说，郑氏夫妇落业泗渡河10年后，有一天，郑光韬突然做了一个梦，梦见天上紫云密布，一匹棕红色的骏马从天上奔腾下凡。这时候，天上突降大雨，不一会儿滔滔洪水从泗渡河上游涌来，浑浊的大水围住了他居住的地方，郑光韬无路可走，从梦中惊醒。醒来后，郑光韬将梦中之事说与夫人覃氏，覃氏听后大喜，说天上紫云密布是吉祥之兆，洪水是财兆。

天亮之后，郑光韬起床，走出房门，突然看见河对面山上有一棵树，枝叶茂盛，在这棵树下面的崖壁上，一匹骏马紧贴崖壁。郑光韬叫来夫人覃氏，联想到梦中之事，夫妻二人吃过早饭，来到树下面的崖壁处，发现一处洞穴，他们刚接近洞口，一对白鹤从洞内飞出，夫妻二人摸索着走进洞内，发现洞内全是硝土。

回家以后，郑光韬夫妇买来草纸香烛，祭拜天地。没过几天就组织人手到洞内（后人将此洞命名为"白鹤洞"，沿用至今）熬制硝土。白鹤洞的硝土含硝量高，高质量的硝源源不断地通过"茶盐古道"运出山外，换得银两黄金。

郑光韬熬制的硝质量好、产量大、销路广，于是他又增加人手，日夜不停地轮换家仆熬制。熬制硝土的家仆饿了、渴了，就在白鹤洞外几十平方米宽的石壁上装上铁炉，烧水做饭。烧水做饭的家仆有一天突然发现铁炉子的脚陷进了石壁，于是将这怪异之事汇说给郑光韬，郑光韬到现场查看，发现这块石壁就是天然的硝石。自此以后，郑家减少了硝土熬制的工序，直接将石头砸碎变卖，一直持续了几十年。

郑家卖硝发财，郑光韬于清乾隆四十九年（1884年）去世，他的儿子郑高略继承父业，于嘉庆年间开始修筑郑家老屋。

郑家屋场修起后，财运兴旺。夫人覃氏七十大寿之时，其子郑高略大摆筵席，高朋满座，"远近闻名者尽皆前来"。其中宜昌府内衙杨光哲、杨光甲送扁牌"婺焕中天"祝贺。宜昌知府送对联"庆甲屋稀龄瑞攬金获虔祝宝婺千年焕，重申膺多福芳腾玉树笑看斑衣五色鲜"。

郑家屋场建起后，在正大门悬挂着"外翰第"匾牌。所谓"外翰第"，就是有地位的文翰人家的外衙的意思。在进入第一个天井的房檐下悬挂着"继序其皇"匾牌，出自先秦佚名《烈文》中"念兹戎功，继序其皇"，意为"继续立功弘扬"。郑氏家族的光大，离不开祖训的教导。

八角观

——古观盼新生

八角观坐落于巴东茶店子镇长腰岭与柏杉村交界处的一座陡峭的孤峰之上,四周群山环抱,极目远眺,层峦叠嶂,如万顷波涛起伏,前有鄂西雪原绿葱坡,后有屈原故里沙镇溪,巴人河、龟坪河从它左右两侧流过,是一块风水宝地。

关于八角观的来历,观中的碑铭是这样记载的:

八角观

明万历三十二年（1604年）腊月初八夜，有祖师托梦流来观道长，说要到巴东安位，将于次日顺江而下到巴东，令道长前去相迎并择地安居。道长醒来，甚觉蹊跷，次日，道长到巴东岸边，果然有九火铜祖师随江水而来，其形状与梦中所见一模一样，道长不敢怠慢，择磨盘垭安放祖师，有四川刘氏贞洁之女倾其家产，建观于此。

而民间传说则有多种版本，其中一个版本是秦始皇统一六国后，求仙药无果，返回途经峨眉山，见一道观，进去歇脚，看见祖师望着他笑，气不打一处来，举起赶山鞭抽打道观。这赶山鞭有移山填海之力，只一鞭子，道观便被抽得飞上了天，在嘉陵江落下，于是顺江而下，经白帝城出夔门，到沙镇溪正是枯水季节，便停在了这里，道教创教祖师老子知道后，作法堆土垒石，将道观置其上，嘱其镇雨季水患，以免下游人民遭洪涝之灾。

沙镇溪自从有了流来观，长江就很少暴发洪水了，但每到夏秋时节，沙镇溪上面发源于绿葱坡东麓的长江支流青干河，由于两岸山高陡峭，千沟万壑，每遇暴雨，洪水泛滥，沿岸人家深受其害，经常有庄稼、房屋甚至人畜被洪水卷走，在沙镇溪漂入长江，葬身鱼腹。据说，青干河的洪水曾经漫过两岸，朱砂土一带至今还有河里的卵石。

一天夜里，流来观道长梦见自称太上老君的人对他说，青干河年年水患，民不聊生，只有在那里修建一座道观才能镇住凶山恶水，已命三清五老诸神自四川顺江到巴东，命他前往青干河，择地修建道观，以镇凶神，绝水患而保百姓平安。道长醒来，知道这是上天之意，立即依计前往巴东迎五老三清、伽蓝四像。

道长经过仔细考察，认为青干河东岸南坪背后山上的铜钱包是修建道观的好地方，于是雇工搬运祖师神像。抬工们历经艰辛，第四天才抬到离铜钱包不远的磨盘垭，精疲力尽的抬工们要求停下来休息一会儿，道长欣然答应，休息过后再来抬时，怪事发生了，排在最前面的祖师神像就像生了根一样，任凭抬工们怎么用力抬都纹丝不动，几番折腾下来，天色已晚，道长只得招呼众人回家，明天再来。

第二天，众人再来，却不见祖师神像，只见磨盘垭一侧的孤峰方向有间距相隔数丈的硕大脚印，道长按脚印索去，直上峰顶，祖师神像落在一个巨大的树蔸之上，道长数过地上留下的神秘脚印，共八脚有半。站在峰顶，环视四周，目之所及，三府四县（三府为宜昌府、施南府、夔州府，四县为巴东县、秭归县、建始县和巫山县）尽收眼底，远山近景，如诗如画，是建观的绝好之地，同时这是天意，更不敢有违，道长决定在此建观。

随后，经募化四方，信徒香客慷慨解囊，能工巧匠汇聚，历时一年，道观竣工。为了与祖师神像登顶"八脚半"同音，道观取名为八角观。

自从八角观建成以后，青干河再无水患，百姓安居乐业，因此，八角观一带又名安居。相传与八角观隔河相望的东南峡，此前是最容易暴发山洪的地方，八角观建成后，那里一夜之间出现了一座形同轿子的山包，据说是地方土地神、山神抬太上老君往来于八角观的轿子，搁在那里镇凶压邪，从此以后，东南峡再也没有发生过山洪，后人命名为轿岭包。清朝初年，有陈、周二人游历到此，认为是难得的风水宝地，于是以一黄丫树为界，就此落业，经过几百年生息繁衍，陈、周二姓成了这一带的名门望族，殷实富足，人才辈出。现在，那棵见证陈、周二姓和睦相处、兴旺发达的黄丫树已经成了需要四五人合抱的古树。

传说归传说，毕竟有神话色彩，真伪无可考证，但足以证明八角观历史悠久，名震四方。

八角观正殿占地200多平方米，四合紧口天井结构。从山脚拾级而上，是灵官殿，后门阶梯直通化钱楼，曲径通幽，方入正殿。长松古柏掩映下的八角观，气势恢宏而庄严，大门上的匾额，昭示道法威严，榫卯相扣的廊柱雕梁画栋，房檐八角扳爪，展延翘首，殿上三清、四御、五老、六司、七元、八极、九曜、十都各具形样，飞身真武，神目如电，似乎能将天下凡人的心思看得清清楚楚、真真切切、明明白白，警示世人一思一念、一举一动当知举头三尺有神明。

远道而来的香客三叩九拜，虔诚地在祖师神像前焚香化纸，祈求平安与吉祥。当地人告诉我们，八角观一直香火旺盛，香客络绎不绝，遍及湖广川渝，一度有"小武当"之誉。从现存的功德碑铭文中可以发现，几次修缮都不乏湖南岳阳和四川等地信徒的捐钱记载。

根据明清时期的《巴东县志》和相关碑志记载，八角观自明万历年间建成后，于明代晚期和清雍正、咸丰年间经过了几次较大规模的改造和修缮。

1951年，这座道观变成了学校，最初有一名叫谭德录的老师在此任教，以前的观主曹均善则成了给学生蒸饭热菜的师傅。

由于长期无人管理和维护，在风雨和鼠蚁的侵蚀下，道观最终坍塌。二十世纪六十年代，有关部门准备对八角观按原样重修，未能如愿。

八角观的毁坏令人痛心疾首。2011年，当地医生马学龙振臂一呼，民众及在外工作的本地人士积极响应，齐心协力重修八角观，经过近十年努力，投资60多万元重建的八角观在磨盘垭之巅重现于世，焕然一新。八角观在当地政府的支持和指导下，按照"取其精华，去其糟粕，转化创新，不复古泥古"的原则，定位侧重于旅游开发和民族文化传承，目前已经取得显著的社会效益。

八角观紧邻三峡大坝、屈原故里、神农架、神农溪、巴人河、恩施大峡谷和腾龙洞等景区，交通便利，区位优势得天独厚，客源市场广阔。未来，八角观必将成为巴东一张崭新的旅游名片。

参考文献 Reference

[1] 范晔. 后汉书[M]. 北京：中华书局，2016.

[2] 巴东县民政局，巴东县地名图录典志编纂委员会. 巴东县地名志[M]. 武汉：长江出版社，2021.

[3] 谭大坤. 奇女谭小七[M]. 北京：中国戏剧出版社，2012.

[4] 常璩. 明本华阳国志[M]. 北京：国家图书馆出版社，2018.

[5] 五峰土家族自治县《长乐县志》校补编纂委员会.《长乐县志》（校补本）[M]. 宜昌：三峡电子音像出版社，2014.

[6] 郦道元. 水经注[M]. 北京：中华书局，2016.

[7] 恩施土家族苗族自治州巴东县史志办公室. 1919-1949 中国共产党恩施自治州巴东县历史[M]. 北京：中共党史出版社，2008.

[8] 湖北省巴东县志编纂委员会. 巴东县志[M]. 武汉：湖北科学技术出版社，1993.

后记

  "恩施州传统村落历史文化丛书"中《巴东县传统村落》一书经专家评审，文史考证较为清晰，田野资料较为翔实，体现出较强的学术性；图文并茂，语言通俗易懂，具有较强的可读性；历史与现实结合，体现出较强的应用性；村落内容涉及面广，人物、山川、风物俱全，重点内容突出，村落展示呈现出立体性。整体来看，该书是一部合格的村落民族志。

  《巴东县传统村落》重点介绍了10个村落，"遗珍"部分介绍了10个有历史文化渊源的村寨、古宅或古刹。自古有"锁钥荆襄，咽喉巴蜀"之称的巴东，在不同时代吸收不同的文化，形成了众多的文化呈现方式，积累了丰富的文化遗产。经政协巴东县委员会办公室及县政协文史资料委员会反复斟酌，筛选出的10个重点村落，旨在多维度展现巴东深厚的文化底蕴。

  在恩施州政协文化文史和学习委员会巴东县政协文史资料委员会的精心指导下，本书成立了文字采写专班和摄影专班。文字采写专班由巴东文化名人郑远宏先生负责，摄影专班由巴东摄影家协会的谭德魁、周宗强、李长凯组成。

  在2019年春寒料峭之际，郑远宏先生不顾病痛，手杵拐杖，带领文字采写专班全体成员奔赴三里城村，指导大家开展田野调查。登哨棚顶，攀古城墙，走千年古道，虽寒风阵阵，郑远宏先生却额头密布汗珠。在组织讨论时，他一再要求编写者们要对写的每一个字负责，对历史负责。撰写三里城村部分的郑国晋老师，本来就是研究三里城历史文化的专家，但为撰写此文，又20多次深入三里城村调查，皮鞋都跑烂了，最终写出了5万余字的初稿。后经仔细斟酌删改，留存2万余字。删改中，每删去一字、一段或一节，心如针扎。

摄影专班拍摄泉口村时，正值酷暑。摄影师谭德魁放飞无人机后，抬头望向天空，刺目的阳光让他睁不开眼。失去控制的无人机落地时，撞向了一块大石头，机身完全损毁。谭德魁老师找到无人机后，不是心疼他的无人机，而是担心他拍摄的照片是否安好。

不论是文字采写专班还是摄影专班，他们都怀着对这片土地的爱，忠实地记录着这里的山川风物、风土人情和历史文化。

2019年年底，《巴东县传统村落》初稿完成，巴东县政协文史资料委员会立即组织当地文化专家开展初评。两个专班根据专家提出的意见和建议，又四易其稿后送审。

感谢政协恩施州委员会、政协巴东县委员会各位领导和专家们的不吝赐教，感谢文字采写专班和摄影专班的无私奉献，感谢为《巴东县传统村落》编辑、校对、印刷等作出贡献的各界同仁。由于水平有限，瑕疵纰漏在所难免，恳请各位读者批评指正。

寥寥数语，难以言尽。是为后记。

许武才

2021年7月